Walter Burkert
Die Griechen und der Orient

«Was immer die Griechen von den Barbaren übernehmen, arbeiten sie in schönerer Weise aus.» Bevor man in Platons Schule diesen Satz formulieren konnte, hatten die Griechen bereits über Jahrhunderte in – nicht immer ganz ungefährlichem – Kontakt mit dem Orient gestanden. Und bevor die Griechen damit beginnen konnten, etwas besser zu machen als ihre Vorbilder, befanden sie sich erst einmal eine lange Zeit in der Rolle des Schülers, zumindest aber in der Rolle des Empfängers, was die Einflüsse der orientalischen Hochkulturen betrifft.

So beschreibt Walter Burkert in seinem Buch die Rezeption des Alphabets und der orientalischen Schriftkultur durch die Griechen und die Anverwandlung orientalischer Mythen in den Werken Homers. Er folgt den Spuren orientalischer Weisheitslehren in der Gedankenwelt der Vorsokratiker, beobachtet die Reflexe ägyptischer Heilsvorstellungen in der orphischen Religion und erläutert schließlich, welche Faszination jene *Magier* genannten persischen Priester auf die Griechen ausübten. Eine Vielzahl anschaulicher Beispiele verdeutlicht die Fülle der Bezüge zwischen griechischer und orientalischer Kultur und macht die Lektüre dieses Buches zu einer wahren Entdeckungsreise in die Anfänge der abendländischen Geisteswelt.

Walter Burkert (1931–2015) war Professor für Klassische Philologie an der Universität Zürich und Träger des Ordens Pour le mérite für Wissenschaften und Künste. Im Verlag C.H.Beck ist zudem von ihm lieferbar: *Antike Mysterien. Funktionen und Gehalt* ([5]2013).

Walter Burkert

Die Griechen und der Orient

Von Homer bis zu den Magiern

Aus dem Italienischen ins Deutsche übertragen vom Verfasser

C.H.Beck

Die italienische Originalausgabe dieses Buches erschien 1999
im Verlag Marsilio Editori® S.P.A., Venedig, unter dem
Titel *Da Omero ai Magi. La tradizione orientale nella cultura greca.*
Der Autor hat das Werk selbst ins Deutsche übertragen und für die
deutsche Ausgabe um das Kapitel *Alphabet und Schriftkultur* erweitert.

1. Auflage. 2003
2. Auflage. 2004
3., durchgesehene Auflage. 2009

Unveränderter Nachdruck
4. Auflage. 2024

Wilhelmstraße 9, 80801 München, info@beck.de

www.chbeck.de
Umschlagabbildungen: (rechts) Dionysos, Nachzeichnung einer
rotfigurigen Vase, 1813, Alexandre de la Borde. The Art Archive/Bibliothèque des
Arts Décoratifs Paris/Dagli Orti; (links) Osiris, Holz mit Gipsschicht und
Malerei, Ägyptische Spätzeit, Ägyptisches Museum, Kairo;
Photo: Gallimard, Photothek, Paris.
Umschlagentwurf: Fritz Lüdtke, Atelier 56, München.
Satz: Fotosatz Amann, Memmingen
Druck und Bindung: Druckerei C.H.Beck, Nördlingen
Gedruckt auf säurefreiem und alterungsbeständigem Papier
Printed in Germany
ISBN 978 3 406 82521 7

verantwortungsbewusst produziert
www.chbeck.de/nachhaltig
produktsicherheit.beck.de

Vorwort

Auf Einladung der Universität Venedig fanden dort im April 1996 vier Vorlesungen über frühe orientalisch-griechische Beziehungen statt. Es fehlte nicht an interdisziplinärem Echo. Der Initiative von Claudia Antonetti und Lucio Milano ist die Publikation dieser *Lezioni Veneziane* zu verdanken, die unter dem Titel *Da Omero ai Magi* 1999 bei Marsilio Editori erschienen. Allgemeineres Interesse führte dann zu einer französischen und einer spanischen Übersetzung: *La tradition orientale dans la culture grecque*, Paris: Macula 2001; *De Homero a los Magos*, Barcelona: El Acantilado 2002.

Für die deutsche Ausgabe, die dem Verlag C.H.Beck zu verdanken ist, wurde der Text jetzt überarbeitet und erweitert; Neues bringt vor allem Kapitel IV. Der Vortragsrahmen hatte Verknappung und Pointierung gefordert. Dies war so weit wie möglich beizubehalten. Und doch, was bis vor kurzem ein eher marginales Thema war, eben das ‹Orientalische›, ist gerade in den letzten Jahren Gegenstand vielfältiger und lebhafter internationaler Forschung geworden. Hiermit Schritt zu halten und doch der Gelehrsamkeit die Lesbarkeit nicht zu opfern, war das nicht ganz leicht zu erreichende Ziel.

Rückblickend gilt der Dank nochmals Frau Prof. Claudia Antonetti, Venedig, zudem Herrn Stefan von der Lahr und Frau Bettina Seng vom Beck-Verlag für ihr Interesse und für die wirkungsvolle Zusammenarbeit.

Inhalt

Einleitung: Das klassische Griechenland auf orientalischem Hintergrund

Die Kyklopen, meint Homer, sind gefährliche Wilde, und zwar infolge ihrer Isolation. «Denn bei den Kyklopen gibt es keine Schiffe ... wie sonst so vielfach Menschen zu einander mit Schiffen übers Meer fahren».[1] So leben die Kyklopen denn in einem naturhaften Paradies ohne Ackerbau, ohne Wein, ohne Stadt oder Staat, ohne Recht, als Menschenfresser. Kultur baut sich auf im Kontakt mit den Fremden und Fernen, dank den Schiffen, die übers Meer fahren und Gelegenheit schaffen, «vieler Menschen Städte zu sehen und ihre Gesinnung zu erkunden».[2] Jede Zivilisation, die griechische zumal, braucht ihren interkulturellen Kontext.

Anders pflegt die europäische Tradition, vor allem die Schultradition die Griechen zu sehen, einzigartig und isoliert, als ‹Klassik›. Nun ist freilich Klassik als anerkannter Standard aus unserer multikulturellen Welt verschwunden und wird sich nicht restaurieren lassen. In eingeschränktem Maße bleibt es sinnvoll, vom ‹klassischen Griechenland› zu sprechen als von einer Kultur, die einmal zum Vorbild geworden ist und allgemeine Nachahmung gefunden hat, zunächst über die ganze Mittelmeerwelt und weit nach Osten hin, dann auch im lateinischen Westen, woraus schließlich das Abendland erwuchs mit seinen Renaissancen antiker Kultur. Europa trägt nicht umsonst einen griechischen Namen – und vergißt doch leicht, daß es das griechische Erbe mit dem Islam teilt.

Wieso aber muß ‹Klassik› mit Isolation zusammengehen? Es ist allenfalls eine Konzentration der Perspektive, die solchen Anschein erwecken mag. Die Renaissance hat die Bewunderung des Klassischen zum Programm erhoben und zugleich eine historische Betrachtungsweise vom Niedergang und Wiederaufstieg der Kultur angeregt. Die Aufklärung hat dies weitergeführt. Damit erschien die Entfaltung der antiken, vorbildlichen Kultur im besonderen Licht des Ursprungs, als sei da zu seiner Zeit das Wahre, Gute und Schöne wie von selbst aus der Natur des Menschengeschlechts in verpflichtender Gestalt erwachsen.

Doch war es gerade der Neuansatz historischer Forschung zu Beginn des 19. Jahrhunderts, der erst die rechte Isolierung des klassischen Griechenlands gebracht hat.[3] Nachdem die napoleonischen Kriege vor allem in Deutschland mit einer Woge des Nationalismus zu Ende gegangen waren, schien es klar, daß Kultur eine Nationalkultur zu sein hatte. Eben in diese Jahre fiel die Entdeckung der indogermanischen Sprachverwandtschaft, die eine Barriere gegenüber den ‹Semiten› errichtete, den Hebräern des Alten Testaments.[4] Homer, der bereits 1769 durch Robert Wood zum ‹Originalgenie› erhoben worden war,[5] erschien nunmehr als Genie des hellenischen Ursprungs, Inbegriff einer deutsch-griechisch-protestantischen Allianz, die auch dem neu organisierten Humanistischen Gymnasium Auftrieb gab.

Die Folge war, daß gerade im Bereich der ‹Hellenischen› Studien und des Gymnasiums der bedeutendste Fortschritt in der Erforschung des Altertums kaum wahrgenommen wurde, die Wiederentdeckung des Alten Orients, dank den Entzifferungen von Hieroglyphen und Keilschrift. Sie hat der bezeugten antiken Geschichte etwa zwei Jahrtausende hinzugefügt und die frühen Hochkulturen auch in ihrer Sprache zugänglich gemacht. Parallel zur Entdeckung vergessener Literaturen verliefen die systematischen Ausgrabungen in Ägypten und Mesopotamien (1842–1855), dann auch in Griechenland. Dabei mußten jedoch die reich sich entwickelnden Fächer, orientalische und ägyptische, alttestamentliche und klassisch-philologische Archäologien und Philologien durch die eigene Schwerkraft auseinandertreiben. Expliziter Antisemitismus hat sich gelegentlich geregt. Der umfassende Blick eines Eduard Meyer aufs Altertum blieb eher die Ausnahme.[6] Abgrenzungen dienten der Sicherung der eigenen Identität.

Ein neuer Impuls kam von den Entdeckungen des 20. Jahrhunderts: Durch Friedrich Hrozny wurde seit 1915 das Hethitische zugänglich; Semitisten entzifferten das Ugaritische um 1930.[7] Damit war der Alte Orient geradezu in Tuchfühlung mit den Griechen gebracht, in Kleinasien wie am Mittelmeer. Zudem erwies sich Hethitisch als eine indogermanische Sprache und war damit vom Stigma des Semitischen frei. 1930 schrieb Walter Porzig über *Illuyankas und Typhon*, 1935 machte Forrer erste Angaben über Kumarbi.[8] Doch unter den klassischen Philologen hat damals offenbar nur Franz Dornseiff, quasi als Außenseiter, die neuen Dimensionen erfaßt. «Wann wird die Vorstellung von der provinzialen Abgeschlossenheit der Völker um 1000–650 amtlich aufgegeben werden?», schrieb er 1935.[9]

Der Umschlag kam bezeichnenderweise nach 1945, zugleich mit der Publikation der hethitischen Texte vom *Königtum im Himmel* und *Ullikummi*.[10] Daß diese Texte, diese Mythologie der Theogonie des Hesiod ganz nahe standen, war unbestreitbar. Kurz danach, 1952/3, wurde Linear B, die Silbenschrift der Späten Bronzezeit auf Kreta und in Griechenland, als griechisch entziffert.[11] Damit kam es zu einem eigentlichen Enthusiasmus für die Bronzezeit; bezeichnend die Publikationen von T. B. L. Webster und D. L. Page; Cyrus Gordon prägte den Ausdruck von einer ‹Bronzezeitlichen Koine›.[12] Dem trat allerdings Alfred Heubeck entgegen, indem er auf den Abstand der homerischen Welt vom Mykenischen hinwies und nachdrücklich an die späteren Kontakte erinnerte, zum Beispiel in der Übernahme der Schrift.[13]

Es sieht so aus, als würden sich die interkulturellen Perspektiven neuerdings endgültig durchsetzen und damit unser Bild von der griechischen Kulturschöpfung entscheidend modifizieren. Auch dies ist gegenwartsbedingt. In der wachsenden Weltgesellschaft ist Europa eine kleinere Halbinsel, bewohnt von einer schwindenden Minderheit, umdrängt von zunehmend selbstbewußteren Mehrheiten. Deutlicher noch ist die veränderte Situation in den USA, wo das sogenannte Abendland allmählich aus dem Blick gerät. Kritik, teilweise ausgesprochen aggressive Kritik richtet sich gegen die angebliche intellektuelle Einzigartigkeit des vergangenen Europa, der ‹dead white men›, und damit explizit auch gegen seine geistige Grundlage, also gegen die Griechen als die ältesten der ‹dead white men›. Besonders hat das Buch von Martin Bernal großes Aufsehen erregt, *Black Athena, The Afroasianic Roots of Classical Civilization,*[14] mit der Anklage, die europäische und insbesondere die deutsche Tradition habe aus rassistischem Vorurteil den Ursprung der kulturellen Leistungen besonders im bronzezeitlichen Ägypten unterdrückt. Kritik bietet sich an, doch sollte man es nicht dabei bewenden lassen. Besser, die Arbeit geht voran, mit Fortschritten und wachsendem Interesse, noch ohne Abschluß, jedoch offen für weitere Funde und neue Perspektiven.[15]

Das Umfeld der frühen Griechen von den orientalischen Nachbarn her zu erhellen, wird im folgenden unternommen. Unser Begriff ‹orientalisch› freilich ist problematisch, insofern er ganz ungeniert den westlichen Standpunkt voraussetzt: Wieso soll das, was ungefähr östlich oder südöstlich von Europa liegt – Kleinasien, Irak, Iran, Syrien, Palästina und Ägypten – eine Einheit sein und nicht eine Vielzahl eigengeprägter, jeweils für sich zu nehmender Kulturen? Immerhin: Die ersten Hochkulturen sind dort entstanden und haben vor und gleichzeitig mit der griechischen existiert. Hier sollte das ‹griechische Wunder› seinen Hintergrund und Kontext finden.

Nicht, als ob kausale Erklärungen daraus abzuleiten wären; kulturelle Leistungen werden sich allenfalls partiell und versuchsweise auf wirkungsmächtige Ursachen zurückführen lassen. Die bloße Feststellung von Einflüssen gilt weithin als unbefriedigend; zu fragen bleibt, was jeweils daraus geworden ist, oft in unabsehbarer Weise. Es ist allenthalben fast selbstverständlich, daß Attraktives herbeigeholt und übernommen wird, so etwa Kunst- und Prestigeobjekte, aber auch Techniken und Ideen aller Art. Allzuoft gibt es freilich auch die negativen Begegnungen, Zusammenstoß, Raub und Plünderung, Eroberung, Ausbeutung, Unterdrückung. Ob bestehende soziale und ökonomische Systeme in der Begegnung zu gedeihlicher Entwicklung gebracht oder aber gestört, ja zerstört werden, diese Frage wird von der historischen Faktizität in wechselnder Weise beantwortet. Eben diese Prozesse freilich sind alles andere als trivial. Eindringlichere Beschreibung wird möglich, Tiefendimensionen treten hervor, insofern es gelingt, die Dynamik kultureller Wechselwirkungen in den Blick zu nehmen.

Was als Land der Griechen zu gelten hat, ist geographisch kaum zulänglich determiniert.[16] Während selbst im Kernland, der südlichen Balkanhalbinsel, hier und da noch von ‹Barbaren› die Rede ist, sind Griechen bereits seit der Bronzezeit des 2. Jahrtausends v. Chr. auf den ägäischen Inseln, auf Kreta und Cypern, an der Küste Kleinasiens und selbst in Unteritalien und Ostsizilien zu finden. Schon damals gab es Kontakte und Interaktionen auf allen Seiten. Die frühesten Hochkulturen hatten sich östlich und südlich von Griechenland gebildet, in Mesopotamien und Ägypten, mit Syrien/Palästina als Verbindungsglied, mit Anatolien und Iran als den nächsten Nachbarn. Diese Kulturen zeichnen sich aus durch hohe gesellschaftliche und wirtschaftliche Organisation mit selbstverständlichem Schriftgebrauch und einem Macht- und Wirtschaftssystem, das seine Zentren in den Königen und in den Tempeln findet. Auf die Anfänge im dritten Jahrtausend folgt eine wechselvolle Geschichte mit Höhen und Tiefen im zweiten Jahrtausend – wir sprechen von der Mittleren und Späten Bronzezeit. Damals griff das östliche Kultursystem nach Europa über: Mit der minoischen Kultur des alten Kreta entstand die erste europäische Hochkultur, weithin in vergleichbarem Stil, mit Palästen als Zentren der Macht und der Wirtschaft, mit einer ‹Linear A› genannten Silbenschrift – sie ist noch nicht entschlüsselt –, allerdings ohne monumentale Tempel. Das Festland folgte mit leichter Verspätung in der Entwicklung der mykenischen Kultur, mit Palästen in Mykene, Tiryns, Pylos und Theben, mit einer weiterentwickelten Silbenschrift, ‹Linear B›. Diese ist seit 1952 entziffert: Die Mykener sprachen Griechisch.[17]

Eine eigentümliche Katastrophe hat um 1200 v. Chr. die meisten spätbronzezeitlichen Kulturen im ägäisch-kleinasiatischen Raum ausgelöscht, in Griechenland, Kreta, Palästina, Syrien und Anatolien. Paläste, Großarchitektur, auch Metallarbeiten verschwinden für Jahrhunderte, Schriftsysteme werden aufgegeben und vergessen. Kaum betroffen waren Ägypten und Mesopotamien. Was die Ursachen der Katastrophe waren – Invasionen von außen, wirtschaftlich-soziale Zusammenbrüche, Seuchen oder Dürre –[18] läßt sich wegen des Verstummens der Zeugen nicht eindeutig fassen.

Dann bildet sich im östlichen Mittelmeergebiet eine neue, eher kleingestaltete Welt heraus, mit Philistern in Palästina, aufblühenden Städten der Phöniker im Norden, Tyros und Sidon zumal, dann kleinen Königsherrschaften von Phönikern, Aramäern, Luwiern von Syrien bis Südanatolien; als größeres Königreich entwickelt sich das der Phryger in Zentralanatolien, das der Urartäer östlich davon um den Van-See.

Veränderung, Krise und Fortschritt kamen in diese Welt vor allem durch drei Faktoren: den aufblühenden Seehandel, der im Zusammenhang mit dem Metallhandel nach Westen wies; den Druck der militärischen Expansion des Assyrerreichs von Osten her; und die Durchsetzung eines einfachen Schriftsystems, mit dem die Schriftlichkeit aus dem Bereich königlich-priesterlicher Bürokratie ausbrach und selbständigen Einzelpersonen zugänglich wurde. Dies war die Situation, in der sich schließlich das Zentrum der Zivilisation vom Nahen Osten in den mediterranen Bereich verschob. Die östlichsten im nahen Westen aber waren die Griechen; sie hatten ihre Chance, ihr Glück, ihr ‹Wunder›.[19]

Die Idee eines Weltherrschers war im Zweistromland seit langem propagiert worden: ‹König der Gesamtheit, König der vier Weltgegenden› war der traditionelle Königstitel. Doch es waren die Könige von Assur im nördlichen Mesopotamien, die solche Ideologie in aggressive Realität verwandelten und das erste Weltreich der Alten Geschichte zustande brachten. Zugleich mit der Organisation einer überlegenen Armee begannen sie, Jahr für Jahr die Nachbarn anzugreifen, Stämme, Fürstentümer oder Städte; diese wurden ausgeplündert, zu Tributzahlungen gezwungen, die Einwohner bei Widerstand verschleppt und die Siedlungen vernichtet. Die Stoßrichtung ging mehr und mehr nach Westen, nach Syrien und Südanatolien; Assurnaṣirpal erreichte das Mittelmeer im 9. Jahrhundert. Der Höhepunkt der Expansion und Macht, nach wiederholtem Rückgang, fällt ins 8./7. Jahrhundert: Damaskus wurde um 800 erobert, Israel 722, Cypern um 700; Sargon hinterließ dort eine Keilschrift-Stele.[20] Damals gab es sogar eine Seeschlacht zwischen Ioniern und Assyrern bei Tarsos in Kilikien.[21] Sidon wurde 670 gründlich zerstört, Ägypten kam von 671 bis 655 unter assyrische Herrschaft. Jerusalem konnte durch Diplomatie sich damals retten. Hatte in Ostanatolien Urartu lange als Gegner widerstanden, so zerbrach es doch um 700 durch eine Invasion von Norden her, durch Gimirru/Kimmerier; sie zerstörten auch das Königreich von Phrygien und etliche griechische Städte in Kleinasien.[22] Eben damals konnte sich weiter westlich, in Lydien, ein Usurpator Gyges durchsetzen; offenbar kam seiner Macht besonders die aufblühende Goldproduktion am Fluß Paktolos bei Sardes zustatten.[23] Gyges suchte Kontakt mit Assurbanipal, dem Assyrerkönig von Ninive, und schloß ein Bündnis, das Ninive eher als tributpflichtigen Vasallenstatus betrachtete.[24] Den Griechen blieb der ‹goldreiche› Gyges in dauerhafter Erinnerung;[25] dabei waren die Griechenstädte Kleinasiens, eine nach der anderen, dem Lyderreich unterworfen worden.

Militärische Eroberungen sind nicht mehr das Lieblingsthema moderner Geschichtsschreibung. Daß sie auf die kulturelle Entwicklung ganzer Völker eine wahrhaft verheerende Wirkung ausüben können, ist aber nicht zu übersehen. Die Griechen hatten seinerzeit, in der Epoche der assyrischen Vorherrschaft, das Glück, vom Andrängen des Ostens berührt, aber nicht zerstört zu werden. So waren die Wirkungen eher positiv.

Den Mittelmeerhandel hatten zuerst die Phöniker entwickelt,[26] besonders mit Luxusgütern wie Purpur und Parfümen; dieser erreichte die griechischen Inseln[27] und dann auch Städte des Mutterlandes. Doch kamen auch Handwerker, vielleicht als Flüchtlinge, mit wichtigen Fertigkeiten; grundlegende Errungenschaften der östlichen Kultur treten nun in Erscheinung: große Steinarchitektur, Bronzearbeiten, auch Elfenbeinschnitzereien, Terrakotta-Matrizen. Zugleich begannen Griechen sich energisch am Mittelmeerhandel zu beteiligen, neben den Phönikern und in Konkurrenz mit ihnen; mehr und mehr wurde dabei der Westen einbezogen, Karthago, Sizilien, Süditalien, Sardinien und Spanien. Ein wichtiges Zentrum zwischen Ost und West war im 9./8. Jahrhundert Euboia, wo Eretria neu gegündet wurde; eine euböische Niederlassung bestand in Pithekussai (Ischia). Im 7. Jahrhundert drängte Korinth an die Spitze, zumal für den Westhandel, nachdem Kerkyra kolonisiert war. Im Osten konnte Ionien jetzt von der ‹Königsstraße› nach Syrien/Mesopotamien profitieren, die seit Gyges' Initiative bestand.[28] Die Geschichtsschreibung hat nicht immer darauf geachtet, daß der bemerkenswerte Aufstieg Ioniens zur kulturellen Vormacht der Griechen erst in der Gyges-Zeit einsetzt. Das Königreich der Lyder war offenbar eine Art Bindeglied zwischen griechischer und assyrischer Welt.[29] Schon im 7. Jahrhundert hat Ionien aber auch die Verbindungen mit Ägypten forciert.[30] Blieben die Phöniker als Konkurrenten, so waren sie doch von den assyrischen Vorstößen weit schwerer getroffen worden; ihr Zentrum verlagerte sich von Tyros nach Karthago.

Während die Assyrermacht mit der Eroberung Ägyptens (671–655) ihren Höhepunkt erreichte, brachte Assurbanipals Herrschaft (668–631) doch zugleich eine länger anhaltende Befriedung im Inneren und damit den Aufstieg einer auf Wohlstand gegründeten Kultur. Assurbanipal war der einzige Assyrerkönig, der selbst Lesen und Schreiben lernte, und er ließ jene umfassende Bibliothek in Ninive anlegen, deren Entdeckung in der Assyriologie Epoche machen sollte. Eine auffällige kulturelle Neuerung, die über Lydien und Ionien sich bei den Griechen allgemein ausgebreitet und durchgesetzt hat, ist das Liegen beim ‹Gelage›. Das wohlbekannte Schlüsselzeugnis dafür ist, neben einem Text des Propheten Amos, ein Relief aus Ninive, ‹Assurbanipals Garten-Party›; das entsprechende Bildschema tritt dann in vielen Wiederholungen auf.[31]

Nicht lange nach dem Tod Assurbanipals jedoch wurde die Macht der Assyrer durch den vereinten Angriff von Babylon und den iranischen Medern jäh vernichtet. Die Hauptstadt Ninive wurde 612 vollständig und endgültig zerstört. Xenophon fand zwei Jahrhunderte später ein Ruinenfeld vor und ließ sich einige phantastische Sagen erzählen, ohne von Namen und Geschichte der Stadt zu erfahren.[32]

Griechen müssen diese dramatischen Ereignisse am Rande miterlebt haben. Das Zeugnis des Spruchdichters Phokylides über die «törichte» Stadt Ninos, der es übel erging, mag man in Zweifel ziehen.[33] Aber das ‹Land Iaunaia› – die assyrische Bezeichnung für ‹Ionien› und dann auch für Griechenland allgemein –, ja sogar einzelne Männer dieses Landes erscheinen durchaus in assyrischen Zeugnissen.[34] Inwieweit griechische Söldner auch in assyrischen Heeren mitkämpften,[35] ist eine offene Frage. Griechen hatten Handelniederlassungen in Syrien seit dem 9. Jahrhundert.[36] Um 738 erwähnt ein Keilschrift-Brief erstmals Eindringlinge vom ‹Land Iaunaia›, die an der syrischen Küste geplündert hatten.[37] Etwa in dieser Zeit gerieten Griechen in den Besitz einiger sehr schöner Stücke bronzenen Pferdeschmucks, die laut Inschrift gegen Ende des 9. Jahrhunderts König Hazael von Damaskus gehört hatten; sie weihten sie der Hera von Samos und dem Apollon von Eretria.[38] Ionier kämpften um 700 zur See gegen Assyrer.[39] Damals wurde Cypern assyrisch, griechische Könige zahlten Tribut an den Assyrerkönig.[40] Die reichen Funde aus den Königsgräbern von Salamis, die den Ausgräbern besonders ‹homerisch› erschienen, stammen aus eben dieser Epoche der assyrischen Oberhoheit.[41] Vernichtende Katastrophen, wie sie die Luwier und Aramäer in Südostanatolien, die phönikischen Städte Syriens, Ägypten und schließlich Israel trafen, haben Griechenstädte damals aber offenbar nicht erlitten.

Die kurze Blüte Babylons unter König Nebukadnezar, nach dem Fall Ninives, samt der Zerstörung Jerusalems 586 hat die Griechen nur am Rande berührt. Alkaios' Bruder Antimenidas leistete in Babylon Söldnerdienst; bei Alkaios erklingt der Name der fernen Großstadt erstmals in einem griechischen Text.[42] Viel wichtiger war, daß Ägypten unter König Psammetich, von der fremden Assyrermacht befreit, zu neuer, eigenständiger Bedeutung emporstieg und zur beherrschenden Macht im östlichen Mittelmeer wurde. Griechische Söldner waren bei Psammetichs Usurpation beteiligt, ihnen blieb dort weiterhin ein Betätigungsfeld.[43] Pedon, ein Mann aus Priene, machte sich um König Psammetich verdient und erhielt einen goldenen Armreif und eine Stadt «für seine Mannhaftigkeit». Mit einem typisch ägyptischen ‹Würfelhocker› aus Basalt, mit einer griechischen Inschrift, die doch ganz die ägyptische Begrifflichkeit widerspiegelt, hat er dies festgehalten.[44] Wichtiger wurden die Handelsbeziehungen, besonders seit den Städten der Ägäis und Kleinasiens die Einrichtung dauerhafter

Niederlassungen in Ägypten gestattet wurde, in Naukratis. Herodot nennt 11 Städte, die dort vertreten waren, darunter Samos und Chios.[45] Naukratis ist längst ausgegraben; daher weiß man, daß die griechische Siedlung schon vor Amasis, d.h. vor 570 v. Chr. bestand. Auch Cypern richtete sich damals ganz auf Ägypten aus. Vielleicht der wichtigste Importartikel, der seit Psammetich zur Verfügung stand und zum unverzichtbaren Bestandteil der griechischen Kultur wurde, war Papyrus, das leicht zu handhabende Schreibmaterial. Die im Gebrauch unpraktischen und teuren Lederrollen, die man seit Übernahme der Schrift verwendet hatte, wurden seit dem 7. Jahrhundert definitiv durch Papyrus ersetzt.

Jenes besondere Glück der Griechen am Rand des imperialen Ostens, das ausgerechnet die Assyrerzeit zur Epoche des kulturellen Aufstiegs gemacht hat, wiederholte sich ein zweites Mal, als das andere, weit besser organisierte Weltreich auf den Plan trat und dann doch mit seiner Expansion gerade an der Grenze des eigentlichen Griechenlands zum Stillstand kam: das Reich der Achämeniden. Das historische Ereignis der Perserkriege (500–479) ist so berühmt, daß wir geneigt sind zu übersehen, wie paradox und unvorhersehbar es war. Wir wissen nicht, wie sich die Ereignisse aus östlicher Sicht darstellten. Persische Quellen sind verloren; Israel, das Schrifttum hinterlassen hat, war desinteressiert an dem, was den *Jawan* der Ägäis zustieß; man blieb König Kyros dankbar, der die Wiederrichtung des eigenen Staatswesens gestattet hatte, und befand sich durchaus wohl unter persischer Herrschaft. Für die Griechen des Mutterlandes aber machten die Siege von Marathon, Salamis und Plataiai Epoche, sie waren die Marken einer neuen Identität. Wir finden dies proklamiert in den *Persern* des Aischylos, 472 v. Chr. erstmals aufgeführt: Griechen gegen Barbaren, Europa gegen Asien, Freiheit gegen Knechtschaft, Kämpfertum gegen Weichlichkeit, Ordnung der Götter gegen tyrannische Überhebung. Dies war die Geburtsstunde der ‹klassischen› Kultur. Die Abgrenzung gegenüber dem Osten war geschaffen.[46] In der Folge wurde Athen zum Zentrum Griechenlands, wie denn auch der attische Dialekt zur führenden Literatursprache wurde. Als dann etwa 300 Jahre später das westliche Imperium, das römische, ganz Griechenland unterwarf, hatte die griechische Kultur sich längst durch ihre besonderen Leistungen in Kunst und Literatur auf die Dauer fixiert.

«Was immer die Griechen von den Barbaren übernehmen, arbeiten sie in schönerer Weise aus», dieser Satz aus der platonischen *Epinomis* (987d) ist oft zitiert worden, schon ehe der Orient aus direkten Zeugnissen des Näheren bekannt wurde, und seither immer wieder. Es ist die Relation von Vorbild und Nachbildung, um das abschätzige Wort ‹Nachahmung› zu meiden, was die objektive Berechtigung gibt, von ‹höherer› und unterlegener Kultur zu sprechen. Die Übernahme selbst ist in vielen Fällen deutlicher geworden, je besser man erfaßt, was vorgegeben war. Und doch ist im Prozeß der Akkulturation immer wieder etwas Neues zustande gekommen, was für die Zukunft unverwechselbar griechisch sein und bleiben sollte, in Technik und bildender Kunst, in Literatur, Naturwissenschaft und Mathematik, im Stil der Denkens und Diskutierens. Griechische Kunst und Architektur sind klassisch geworden, griechische Literatur ist Weltliteratur.

Faßt man einen Zeithorizont um 500 v. Chr. ins Auge, so findet man damals Etrusker, die Gestalten griechischer Mythen samt ihren griechischen Namen auf ihren Vasen und Metallarbeiten darstellen, Römer, die auf ihrem Forum den *Castores*, den griechischen Dioskuren, einen Tempel bauen und sich auch dem Kult des Apollon zuwenden, während König Dareios zur Ausschmückung seiner Residenz Persepolis griechische Bildhauer heranzieht; attische rotfigurige Keramik dringt über den Mittelmeerraum vor, ja gelangt bis nach Deutschland. Handwerkskunst und Dichtkunst tragen den Vorrang griechischen Stils weit über die nationalen Grenzen hinaus. Unverkennbar Griechisches war damals schon zum Vorbild für die ganze mediterrane Welt geworden und wurde trotz der Barriere, die die Staatsmacht im Osten aufrechterhielt, selbst dort geschätzt.

Zweieinhalb Jahrhunderte zuvor war die Situation durchaus anders gewesen. Damals war die Überlegenheit des Ostens, Anatoliens und Syriens mit Mesopotamien im Hintergrund, ganz unverkennbar; der kulturelle Strom verlief dementsprechend von Ost nach West. Handwerkliche Techniken zumal in der Bronzearbeit, aber auch in der Steinarchitektur waren in Griechenland mit dem Zusammenbruch des mykenischen Systems praktisch verschwunden, wie auch die Schriftkultur verloren war. Gewiß hatte griechische Handwerkskunst ihre besondere Qualität bereits entfaltet, ehe die orientalischen Importe dominant wurden. In der Keramik kann man das ‹typisch Griechische› seit dem Protogeometrischen feststellen. Doch löst sich der geometrische Stil auf, als seit dem 8. Jahrhundert orientalische Formen und Bildtypen eindrängen, ob sie nun als phönikisch, nordsyrisch, luwisch, urartäisch oder direkt assyrisch anzusprechen sind. So erscheint etwa das Löwenbild zwar in verschiedener Façon, doch immer als Import; in Griechenland gab es diese Tiere nicht. Auch die Zuordnung der großen dekorierten Bronze-Dreifüße, die man in den Heiligtümern aufstellt, in Bezug zu ihrem Ursprung in Urartu oder Nordsyrien ist zunächst nicht immer klar, bis dann das eindeutig Griechische das Erscheinungsbild dominiert – während Urartu um 700 den Kimmeriern erlag.

Für monumentalen Steinbau und große Steinfiguren lieferte Ägypten seit der zweiten Hälfte des 7. Jahrhunderts die entscheidenden Vorbilder. Auffällig und allbekannt ist der ‹Kuros›-Typ, die stehende Jünglingsfigur, oft überlebensgroß. Eigentümlich und von der Herkunft nicht vorgegeben ist dabei die provokative Nacktheit, die die männlichen griechischen Statuen seither auszeichnet; umgekehrt sind Darstellungen einer ‹nackten Göttin›, die in Gestalt von Metall- und Terrakotta-Plaketten, besonders auch als Pferdeschmuck seit dem 8. Jahrhundert aus Syrien kamen, nur vorübergehend – in Prinias und Gortyn auf Kreta – in Tempelskulptur umgesetzt worden; solche Darstellungen verschwanden wieder nach dem 7. Jahrhundert.[47] Die männliche Nacktheit hängt offenbar mit dem Aufblühen der sportlichen Wettkämpfe zusammen; ob dies eine hinreichende Grundlage für den Versuch einer ‹Psychoanalyse› der griechischen Kultur bieten kann, scheint zweifelhaft.

In der Folge noch bedeutender als die archaisch-klassische Plastik war der griechische Tempel. Er entwickelt sich in der zweiten Hälfte des 7. Jahrhunderts zu seiner definitiven Form.[48] Seine Vorgeschichte ist verwickelt. Das ‹Große Haus› für die Gottheit – so die sumerische Bezeichnung, *E.Gal,* die sich verbreitete – hatte in den anderen Hochkulturen längst Schule gemacht, auch in Palästina und Syrien. Doch hatten weder die Minoer noch die Mykener Tempel solcher Art gebaut; es gibt bei ihnen nur bescheidenere, zudem kompliziertere Anlagen von Heiligtümern. Keine Nachfolge fanden die subminoischen Heiligtümer Kretas, in denen bedeutende Terrakotta-Statuen von Göttinnen auffallen.[49] Neue Formen im mykenischen Stil finden sich auf Cypern im 12. Jahrhundert, Bauten mit bronzenen Bildern, die wir Kultbilder nennen dürfen.[50] In Griechenland und auf den anderen Inseln wie in den Städten Kleinasiens konnte der Kult offenbar noch lange ohne Tempel und Kultbild auskommen. Erst im 9. Jahrhundert tauchen erste Tempel auf, mit einem offenbar altertümlichen Wort (*naoi, neoi*), als ‹Wohnungen› benannt – ‹Häuser› recht verschiedener Form; man scheint zu experimentieren. Markante Beispiele kommen aus Thermos in Ätolien, aus Samos und aus Ephesos. Charakteristisch und ohne Vorbild im Osten ist die Reihe von Säulen, Holzsäulen zunächst, die das ‹Haus› umgeben, wohl eigentlich ein Element der Lehm-Holz-Architektur, das aber dann das Vorbild ägyptischer und syrischer Großarchitektur aufnimmt. Die Erfindung von Ton-Ziegeln bestimmte die Form von Dach und Giebel, und zwar zuerst und maßgebend am Tempel des Isthmischen Heiligtums gegen Ende des 7. Jahrhunderts.[51] Dann war rasch der Kanon erstellt, nach dem seit dem 6. Jahrhundert überall in den griechischen Städten die Tempel erbaut wurden. Und auch hier folgten die Nachbarn, die Etrusker und bald auch die Römer, dem griechischen Stil. In der Rolle von Wasserbecken, Lampen, Räucherwerk bewahrte man zugleich allenthalben die alte nahöstlich-mediterrane Kulturgemeinschaft.

Schwieriger zu fassen als das Archäologische sind die literarischen und religiös-geistigen Einwirkungen von Mesopotamien, Syrien, Ägypten und Iran, denen im folgenden nachgegangen wird. Am Erfolg des Griechischen bleibt nicht zu rütteln; ob man von einem griechischen Wunder sprechen soll,[52] ist eher eine Frage unseres eigenen historiographischen Stils. Die bestimmenden soziokulturellen und auch wirtschaftlichen Faktoren zu benennen, denen der Fortschritt zum Einzigartigen zu verdanken war, ist weniger einfach. Es drängt sich auf, mit Blick auf Gesellschaft, Wirtschaft und Politik Aspekte von Freiheit hervorzuheben. Damit beschreibt man zunächst das Fehlen einer beherrschenden Zentralmacht, was eine Vielzahl von lokalen Zentren zuließ, mit vielfältig wechselnden Chancen für Kleingruppen und Einzelpersonen. Auf sich gestellte Unternehmer müssen das überaus risikoreiche Geschäft des Seehandels betrieben haben, das zu wachsendem Wohlstand führte. Qualifizierte Handwerker waren freie Individuen, die auf eigenes Risiko und für eigenen Gewinn tätig waren, die von Herrscher zu Herrscher oder von Stadt zu Stadt wandern und so auch Stadtbürger werden konnten; bezeichnend, daß sie seit dem 7. Jahrhundert ihre Werke persönlich zu signieren beginnen.[53]

Vielerorts hatte es Könige (*basileis*) gegeben, doch sie verschwanden fast überall; an ihre Stelle traten selbstverantwortliche Gruppen: Städte hatten ihre Bürger, zu den *poleis* gehören *politai.* Dies führte zur ‹Politik› gleichberechtigter Individuen, schließlich zur rechtlichen Gleichstellung der – männlichen – Bürger einer Stadt, zur ‹Demokratie›. Älterer Tradition entsprach es, wenn ‹weise› Männer als Ratgeber für Freundesgruppen oder ganze ‹Bürgerschaften› auftraten; solche Weisheit auch schriftlich festzuhalten, war alter Brauch. Nun aber stand der einzelne mehr und mehr in einer Konkurrenzsituation. Dabei begannen ältere Formen gebundener Rede einer frei sich entfaltenden Rhetorik Platz zu machen, wobei vor allem in der ‹Politik› unausweichlich und immer wieder Rede gegen Rede zu stehen kam: Diskutieren und Argumentieren mußte gegenüber der bloßen Weitergabe von Autorität alsbald überwiegen.[54] Bei alledem müssen wir freilich nochmals bedenken, daß wir keine zulängliche Vorstellung haben, wie sich intellektuelles Leben in einer Stadt wie Tyros oder Karthago vollzog.[55] Auch dort, am Rande des Weltreiches, konnten Formen von ‹Freiheit› im überschaubaren Raum geistigen Fortschritt bringen. Als Literatur überdauert hat jedoch das griechische Reden und Denken.

I. Alphabet und Schriftkultur

Weit über allen anderen aufgenommenen Anregungen und Importen aus dem Orient steht an Bedeutung die Übernahme der Alphabetschrift durch die Griechen; sind doch die Modernisierung der Gesellschaft und die Chancen der Demokratie bis heute mit der Alphabetisierung eng verbunden. Darum muß auch von der Erfindung und Ausbreitung des Alphabets zuallererst die Rede sein, auch wenn hier vor allem Bekanntes zusammenzufassen ist.[1]

Die Herkunft der Alphabetschrift aus dem Bereich der Semiten ist schon durch eben diesen ihren geläufigen Namen angezeigt. ‹Alpha› und ‹Beta› sind geläufige semitische Wörter und bedeuten ‹Ochse› und ‹Haus»; zwei willkürliche, doch allbekannte Bilder stehen so am Anfang einer sehr besonderen Fertigkeit. Schrift war in den alten Hochkulturen schon zu Beginn des 3. Jts. aufgekommen und entwickelte sich zu einer ihrer tragenden Säulen – die ägyptischen Hieroglyphen auf der einen, die mesopotamische Keilschrift auf der anderen Seite. Diese Schriften jedoch waren, die eine wie die andere, so kompliziert, daß jahrelange Ausbildung und stetige Praxis nötig waren, um die Fähigkeit des Lesens und Schreibens zu beherrschen. So bildeten denn die ‹Schreiber› die intellektuelle Auslese, die Gelehrten der Gesellschaft. Silbenschriften, die in der Mittleren Bronzezeit erfunden wurden, wie Linear A und Linear B auf Kreta und die kyprischen Linearschriften, stellten demgegenüber eine große Vereinfachung dar, kommt doch eine Silbenschrift mit etwa 80 Silbenzeichen aus. Gerade diese Schriften aber blieben offenbar auf die Palast-Bürokratie beschränkt und sind zumeist mit dieser wieder verschwunden. Die durchschlagende Erfindung, die konsequente Vereinfachung auf etwa 25 Phonem- oder Lautzeichen erfolgte offenbar im Bereich der westlichen Semiten. Sie liegt dem allgemeinen Zusammenbruch um 1200 v. Chr. wesentlich voraus. Wer der eigentliche Erfinder war und wo er wirkte, ist bisher unbekannt geblieben. Beziehungen zum Ägyptischen bestehen; dazu kommen die spärlichen und unsicher zu deutenden Sinai-Inschriften.[2] Eine abgeleitete Form, eine Umsetzung in Keilschriftzeichen für Tontafeln, ist in Ugarit in der späteren Bronzezeit in Gebrauch;[3] auch diese Schrift verschwindet wieder mit dem Zusammenbruch von Stadt und Palast um 1200 v. Chr. Der eigentliche Durchbruch der modernisierten Schrift kam erst nach der Krise der Paläste. Mit Sicherheit ist sie seit dem 12./11. Jahrhundert in Syrien-Palästina zu fassen.[4] Mit der Modernisierung ging offenbar die Umstellung auf vergängliche Beschreibstoffe, Holztafeln und Lederrollen statt Tontafeln, zusammen; so bricht die Dokumentation rapide ab.

Zugrunde liegt dem Alphabet die Entdeckung, daß etwa 25 phonetische Zeichen genügen, Sprache wiederzugeben. Die Handhabung dieser Zeichen kann von jedem durchschnittlich begabten Individuum in wenigen Monaten, wenn nicht Wochen erlernt werden. Wohl schon der Erfinder hatte die brillante Idee, nicht nur jedem Phonem ein konkret vorstellbares Merkwort zuzuordnen, das mit dem betreffenden Laut beginnt, sondern die Zeichen als feste Abfolge memorieren zu lassen, was in den semitischen Sprachen wie eine lustig-unsinnige Bilderfolge erscheint: Ochse – Haus – Kamel[5] – Tür; dies klang in etwa wie ‹alpu betu gamlu daltu›. Die Zeichen stellen die benannten Gegenstände in radikal vereinfachter Weise dar, je ein paar Striche und/oder Bogen – die Ägypter haben ihrer Hieroglyphenschrift solche Reduktion nie zugemutet, während die Keilschrift, auf Griffeleindrücke in weichem Ton beschränkt, zu ganz anderen Figuren geführt hatte.

Es gibt, vom indirekten Zeugnis aus Ugarit abgesehen, praktisch keine Dokumente der Alphabetschrift vor 1200; auch danach sind diese zunächst recht rar. Die gleiche Schrift wird für Phönikisch-Kanaanäisch, Hebräisch und Aramäisch verwendet. Eine eigentliche Ausbreitung scheint dann im 10. Jahrhundert stattzufinden. So drang das Alphabet sogar ins Zentrum der Keilschrift-Praxis ein: Unversehens standen ‹Rollen-Schreiber›, die Aramäisch schrieben, neben den althergebrachten ‹Herren der Schreibtafel›, die freilich ihre Privilegien erfolgreich zu verteidigen wußten.[6] Noch

König Dareios meinte gegen Ende des 6. Jahrhunderts, die Perser als die neuen Herren der Welt müßten über eine Form von Keilschrift verfügen; die damals erfundene Keilschriftform kam freilich über die Anwendung in offiziellen Inschriften kaum hinaus; die bedeutendste Aufzeichnung, am ‹Stand der Götter›, Bagastana-Behistun, war sowieso nur für Götter lesbar.[7] Die Verwaltung hielt sich, neben der von Medern gebrauchten Elamischen Keilschrift, alsbald ans alphabetisch geschriebene Aramäisch, das so zum ‹Reichsaramäisch› wurde.

Die Übernahme des semitischen Alphabets durch die Griechen erfolgte, soweit sich heute absehen läßt, kurz nach 800 v. Chr. Auf Cypern hatte eine Linearschrift mykenischen Typs überlebt; der Erfolg aber kam mit der Entscheidung von Griechen, ‹phönikisch› zu schreiben. Mit tunlicher Sorgfalt haben die Griechen die Zeichennamen gelernt und suchten sie nachzusprechen, obgleich sie doch in ihrer Sprache ohne jeden Sinn waren: *alpha, beta, gamma, delta*; und sie lernten zugleich die Reihenfolge der Merkstrophe, die bis heute besteht. Auch die Buchstabenformen sind zunächst nahezu identisch. Der Ort der Übernahme ist wiederum nicht auszumachen, zumal die griechische Benennung als ‹phönikisch› offen läßt, ob es sich um Phöniker im engeren Sinn handelte – Leute aus Byblos, Tyros, Sidon samt den phönikischen Kolonien Cypern, dann Sardinien, Afrika, Spanien – oder um Aramäer in Nordsyrien. Daß die Übernahme eben auf Cypern stattfand,[8] ist an sich plausibel; auch das anfängliche Schwanken der Schreibrichtung wäre aus der Konkurrenz von rechtsläufiger Linearschrift und linksläufiger Alphabetschrift am ehesten verständlich. Doch fehlt vorläufig jedes Zeugnis alphabetischer Schrift aus dem archaischen Cypern. Alte Zeugnisse griechischer Schrift gibt es, wie zu erwarten, auf der vom mediterranen Handel vorgezeichneten Linie Al Mina – Euboia – Ischia; auch Naxos und Athen sind zu nennen; der zur Zeit älteste Beleg stammt seltsamerweise aus der Gegend von Gabii unweit Rom.[9] Wenige weitere Zeugnisse können noch in die erste Hälfte des 8. Jahrhunderts datiert werden; eine nachgerade explodierende Ausbreitung der Schrift folgte in der zweiten Hälfte dieses Jahrhunderts: In wenigen Jahrzehnten hat sich die neue Fertigkeit offenbar über die ganze griechische Welt verbreitet. Der Erfolg der griechischen Form des Alphabets zeigt sich auch in der Tatsache, daß es fast sofort von den Nachbarn übernommen wurde, den Phrygern im Osten, den Etruskern im Westen; Lyder und Lykier in Anatolien schlossen sich alsbald an,[10] wie auch die Latiner, Veneter, Iberer auf der anderen Seite des Mittelmeeres.

Was oft als der entscheidende Beitrag der Griechen gefeiert wird, ihre erste große Leistung für die Kulturgeschichte, ist ein merkwürdiges Ineinander von Mißverständnis und Genius: Im Gegensatz zur semitischen Konsonantenschrift schreiben die Griechen – und mit ihnen die Nachbarn, von den Phrygern bis zu den Etruskern und Latinern – auch die Vokale. Dagegen haben die Semiten dies als weithin überflüssig empfunden; so haben denn die arabische und die hebräische Schrift die ältere Weise der prinzipiellen Konsonantenschrift bis heute beibehalten. Allerdings gilt, daß auch dort zumindest die langen semitischen Vokale A, U, I mit *alpha, waw* und *jod* zu schreiben sind. Ansätze zu solcher Orthographie, also zur Vokalschreibung sind jetzt bereits vor der griechischen Übernahme bezeugt.[11] Die Griechen führten weiter, was bereits auf dem Weg war.

Dieser griechische Neuansatz, der Fortschritt von der Konsonanten- zur prinzipiellen Lautschrift, beruhte zum großen Teil auf einem Mißverständnis, das sich unmittelbar aus dem sorgfältigen Erlernen jener Alphabet-Strophe ergab:[12] Wenn man das akrophone Prinzip erfaßte, so begann doch für einen Griechen *alpha* mit dem Vokal ‹A›, nicht mit einem Knacklaut, und ebenso begann *jod* mit einem ‹I›, zumal das Griechische den Gleitlaut *jod* nicht kannte. So beschränkte sich die Neuerung de facto darauf, das Zeichen *waw* in zwei Zeichen aufzuspalten, für den Vokal ‹U› und für den Konsonanten ‹W›, wobei das Zeichen ‹U›, obgleich in seiner Form eher dem alten Zeichen *waw* gleichend, ans Ende des Alphabets gesetzt wurde. Daß der Buchstabe *ᶜayin*, auch *ᶜen* zu sprechen, für ‹O› genommen wurde, könnte eine systematische Entscheidung sein; ob ein semitischer Dialekt dafür die Anleitung geben konnte, ist unklar. Lokale Dialekte haben dann sehr rasch weitere

Differenzierungen zustande gebracht, vor allem Zusatzbuchstaben, die alle hinter das vorläufige Ende, also hinter ‹U› (*ypsilon*) eingeordnet wurden; das Lateinische und viel später die slavischen Sprachen sind mit weiteren Zusatzbuchstaben an dieser Stelle gefolgt. Doch im Prinzip hat der alte *comic strip* von ‹Ochse–Haus›, den jener bronzezeitliche Semite erfunden hatte, sich immer noch gehalten; selbst unsere Computer repektieren ihn durchaus.

Die frühe Verwendung der Schrift in literarischem Kontext, zur Aufzeichnung von Dichtung, für Bücher also, wird durch die vielbesprochenen Versinschriften um 730, die Dipylon-Inschrift aus Athen und den ‹Nestorbecher› von Ischia, nahegelegt.[13] Urkunden über die Verwendung im Handelsverkehr haben wir in Form von Geschäftsbriefen auf Bleifolien im 6. Jahrhundert.[14] Daß die professionellen Dichter und Musiker seit dem 7. Jahrhundert lesen konnten, ist nicht zu bezweifeln; sogar die Erfindung der Notenschrift für die Musiker erfolgte vielleicht noch im 6. Jahrhundert. Allgemeiner Schulunterricht ist seit etwa 500 bezeugt, und damals setzt das demokratische ‹Scherbengericht› (*ostrakismos*) in Athen, als Form einer schriftlichen Abstimmung, bereits allgemeine Schreib- und Lesefähigkeit voraus. Ein eigentliches Lesepublikum hat sich dann im 4. Jahrhundert ausgebildet. An diese Eckdaten der griechischen Literaturgeschichte ist hier nur knapp zu erinnern.

II. Homer als Dichter der orientalisierenden Epoche

‹Homer und der Orient› ist kein neues Thema. Seit Hugo Grotius über *Homer und das Alte Testament* schrieb, blieb das Interesse hierfür wach, teilweise auf den Bahnen des alten Streits um die Priorität des Hebräischen oder des Griechischen: Moses gegen Homer. Man sah schon damals, daß etwa Jesaja (31,4) einen wunderschönen Löwen-Vergleich bringt und daß Jahwe bei ‹Himmel und Erde› schwört (Deut. 4,26), ganz wie Hera bei Homer. Die Opferung von Iphigenie und von Jephthas Tochter (Jud. 11,29–40) erschienen als parallel, bis in die Opern-Libretti. Und Historiker lenkten auch bereits die Aufmerksamkeit auf die Rolle der Phöniker und Ägypter zumal in der Odyssee.[1]

Das 19. Jahrhundert hat das ‹klassische Altertum› zunächst auf sich selbst gestellt;[2] doch nach und nach machten sich die Funde aus Ägypten und Mesopotamien bemerkbar. 1872 wurde die Entdekkung einer babylonischen Sintflutgeschichte zur Sensation – es handelte sich um Tafel X-XI des *Gilgamesh*-Epos; fast gleichzeitig wurden die ägyptischen Texte über die Schlacht bei Qadesh übersetzt, die eine geradezu homerische Aristie mit Streitwagenkampf und göttlichem Eingreifen darstellen.[3] Außerdem wurden die Texte über die ‹Seevölker› zugänglich, die um 1200 v. Chr. offenbar ‹Achäer›, ‹Dardaner›, ‹Philister› und ‹Teukrer› bezeugen.[4] 1884 kam die Edition von *Gilgamesh* in Gang – eine deutsche Ausgabe erschien 1901; auch die ‹Höllenfahrt der Ishtar› wurde veröffentlicht.[5]

Und doch trat Gilgamesh zunächst als Izdubar in Erscheinung, so in Roschers Mythologischem Lexikon und in Useners *Sintfluthsagen*; Gilgamesh' Freund hieß damals, statt Enkidu, Eabani. Kenner der Keilschrift wissen, wie dergleichen zustande kommt.[6] Für Außenseiter, einschließlich der klassischen Philologen, mußte dies das Vertrauen in die neuen Fächer nachhaltig erschüttern. So hat sich denn der Alte Orient aus seiner eher exotischen Position allzulange kaum gelöst: ‹Homer und der Orient› ist eher ein Feld für Außenseiter geblieben. William Ewart Gladstone (1809–1898), berühmt als britischer Premierminister, ausgestattet mit intensivem Interesse für Altgriechenland und besonders für Homer, wies in seinen Büchern auf die Seevölker-Texte hin und auch auf Keilschrift-Entdeckungen. Er hat als erster auf die Entsprechung von Okeanos und Tethys in Homers Ilias mit Apsu und Tiamat am Anfang des babylonischen Neujahrsepos *Enuma elish* hingewiesen.[7] Fachphilologen schüttelten die Köpfe. Daß wenig später einige Orientalisten mit übertriebenen Thesen über *Gilgamesh und die Weltliteratur* hervortraten – Peter Jensen, Hugo Winckler, Adolf Jeremias – hatte eher negative Effekte. Ein Buch wie jenes von Carl Fries, *Das Zagmukfest auf Scheria*, fand mit Grund nur wenige Leser; für ihn war die Odyssee ein rituelles Drama, für das er einen sumerischen Titel wählte.[8] Nüchtern und gründlich schrieben Hermann Wirth über *Homer und Babylon*, Arthur Ungnad über *Gilgamesch-Epos und Odyssee*;[9] ihre Wirkung damit blieb marginal. Ungnads Buch fand keinen Verleger und erschien im Selbstverlag.

Und doch sind einige schlagende Beobachtungen über ‹Orient und Homer› in eben diesen Studien zu Beginn des 20. Jahrhundert gemacht worden; so der Vergleich von Gilgamesh' Reise zu Utnapishtim mit Motiven der Odyssee, vom Erscheinen des toten Enkidu vor Gilgamesh mit der *psyche* des Patroklos vor Achilleus in der Ilias (23,65–107). Selbst ein Skeptiker wie Geoffrey Kirk fand diese Parallele «almost irresistible».[10]

Im folgenden wird die mesopotamische Literatur im Vordergrund stehen. Sie scheint von Griechenland weit entfernt; doch kann sie nicht beiseite bleiben. Zum einen stellt die Keilschriftliteratur das umfangreichste Corpus altorientalischer Texte dar; es ist reicher als das hethitische, geschweige das ugaritische, vielfältiger selbst als das ägyptische, während die mykenischen Täfelchen Literatur im eigentlichen Sinn noch gar nicht geliefert haben. Das Keilschriftcorpus ist nicht nur vielgestaltig, sondern erreicht ausgesprochen hohes Niveau; es erstreckt sich über Jahrtausende, überliefert von professionellen Schreibern in ihrem ‹Haus der Tafeln›, so daß ältere, ‹klassische› Texte mit neueren Versuchen konkurrieren. Zum anderen ist nicht nur klar, daß die Keilschriftkultur das bronzezeitliche Syrien beherrscht, sondern daß die Assyrer mit den Griechen mindestens seit etwa 800 v. Chr. in direktem Kontakt standen. Dies schließt weit ältere, bronzezeitliche Kontakte zumal in Syrien und auf Cypern keineswegs aus; doch die späteren Begegnungen und Reibungen sind weit genauer bezeugt.[11] Der wichtigste orientalische Import, die Alphabetschrift, hatte die Griechen bereits am Anfang dieser Epoche erreicht.[12] Die Schreibmaterialien der Alphabetschrift freilich sind, im Gegensatz zu den Tontafeln der Keilschrift, vergänglich; die direkte Bezeugung orientalischer Literatur bricht zu eben dem Zeitpunkt ab, da sie die Griechen erreicht.[13] Hier bleibt eine Lücke.

Das griechische Epos homerischen Stils mag als ein sehr eigenständiges Gebilde erscheinen. Das Formelsystem, wie es Milman Parry entdeckt und beschrieben hat, ist mit seiner Funktionalität im mündlichen Vortrag an die griechische Sprache gebunden. ‹Homer› ist in diesem Sinn zum Muster mündlicher Tradition überhaupt geworden.[14] Im Gegensatz hierzu sind die Epen östlicher Provenienz in der festen Tradition der Schreiberschulen und Schreiber verankert, wie sie viele Jahrhunderte lang bestand. Hier wurden Tafeln kopiert und wieder kopiert, manchmal auch übersetzt in andere Keilschriftsprachen. Die Epen lieferten Schultexte; indirekt kann man auch mündlichen Vortrag erschließen.

Insofern würde man völlig andersartige Prinzipien von Stil und Aufbau erwarten. Ganz im Gegenteil jedoch wird jeder, der sich die Mühe macht, beide Seiten zu studieren, von den Ähnlichkeiten überrascht sein. Dies ist seit langem bekannt; nicht umsonst hat etwa C. M. Bowra in seiner umfassenden Darstellung der ‹Heldendichtung› regelmäßig auf *Gilgamesh* verwiesen. Hier nur eine knappe Zusammenfassung:[15]

‹Epos› meint hier wie dort erzählende Dichtung in Versen, und zwar in Form von Langversen, die sich ohne strophische Gliederung unbegrenzt wiederholen. Dem Inhalt nach geht es um Götter und um ‹große› Männer der Vergangenheit, die auch miteinander in Kontakt treten können. Auffallende Charakteristika des Stils sind feststehende Beiwörter, Formelverse, Wiederholung von Versen und Versreihen, und typische Szenen wie etwa die Götterversammlung.

Die Epitheta sind immer als eine besondere Eigenheit des homerischen Stils erschienen, die auch in den Übersetzungen erhalten blieb: Uns klingt der ‹Wolkensammler Zeus› in den Ohren, der ‹listenreiche Odysseus› wie auch ‹der hehre Dulder Odysseus›. Doch auch im Akkadischen und im Ugaritischen haben die Hauptgestalten ihre charakteristischen Beiwörter.[16] Der mächtigste Gott, Enlil, erscheint oft als ‹Enlil der Held›; der Sintflutheros heißt immer wieder ‹Utnapishtim der Ferne›, und die gefährlichen ‹Sieben› im *Erra*-Epos sind ‹Helden ohne gleichen›. Ähnlich kennen die ugaritischen Texte feste Verbindungen wie ‹die Jungfrau Anat› oder ‹Danel der Rephaite›. Fast noch homerischer klingt, wenn ein Mitstreiter ‹kundig im Kampfe› heißt. Weniger klar ist, wieso die ‹Herrin der Götter› ‹gut im Rufen› ist; doch auch wieso Kalypso und Kirke in der Odyssee ‹stimmbegabt› (*audeessa*) heißen, ist einigermaßen dunkel. Wie dem immer sei – Epitheta müssen sein. Die Erde ist ‹die weite Erde›, und ein Himmelsgott kann ‹Vater der Menschen und Götter› heißen. Die Beiwörter sind ‹schmückend›, insofern sie vom Kontext der jeweiligen Situation nicht gefordert und nicht für diesen gebildet sind; umso praktischer sind sie, Verse aufzufüllen.

Unter den Formelversen fällt besonders die umständliche Einleitung direkter Rede auf; dabei ist der reichliche Gebrauch der direkten Rede, die Umsetzung ganzer Szenen in Gespräche besonders charakteristisch für den epischen Stil. Die akkadische Einleitungsformel heißt wörtlich: «Er setzte den Mund und sprach, zu XY sagte er (das Wort)»;[17] das einfache ‹er sagte› findet sich also drei- oder viermal ausgedrückt, ganz wie in der homerischen Formel «die Stimme erhebend, sprach er die geflügelten Worte». Fast noch interessanter ist, daß es auch das ausdrückliche, formell eingeleitete Selbstgespräch gibt: «Mit ihrem Herzen sich beredend, sagte sie die Worte, ja mit sich selber ging sie zu Rate» – es folgt direkte Rede.[18] Wenn Gilgamesh sich auf die Reise begibt, wird der neue

Tag stets mit der gleichen Formel eingeleitet «kaum daß ein Schimmer des Morgens graute»;[19] strahlender, doch durchaus vergleichbar ist der homerische Standardvers vom «Erscheinen der rosenfingrigen Eos». Daß die Erzählung von Tag zu Tag fortschreitet, ist natürlich, doch die Stereotypie der Ausdrucksweisen für Sonnenuntergang und Morgenlicht, Rast und Aufbruch ist eine spezifische Technik, die *Gilgamesh* und Homer verbindet.

Unter den Verswiederholungen, die längere Passagen umfassen, fällt die genaue Entsprechung von Auftrag und Ausführung, von Mitteilung und Weitersagen auf. Die mesopotamischen Schreiber haben in solchen Fällen nicht selten einfach ein Wiederholungszeichen gesetzt, was die homerischen Kopisten sich nicht erlauben.

Unter den typischen Szenen sticht die Götterversammlung hervor. Sie ist im Akkadischen ein fester Begriff (*puhur ilani*);[20] die gleiche Bezeichnung findet sich im Ugaritischen; auch im hethitischen *Ullikummi*-Epos ist eine entsprechende Szene ausgestaltet. Selbst ins Alte Testament hat die ‹Götterversammlung› Eingang gefunden.[21] Man mag feststellen, daß die orientalische Götterversammlung mehr eine Art Senat darstellt, Homer eher eine Familie schildert, einschließlich der üblichen Famlienkatastrophen wie Streit der Eltern und Prügel für die Kinder. Doch die Gemeinsamkeit frappiert. Daß an die Versammlung oft die Aussendung eines Boten sich anschließt, ist naheliegend und doch bemerkenswert.

Vergleiche sind auch im akkadischen Epos ein gern verwendeter Kunstgriff; Löwen zumal stehen an Beliebtheit voran.[22] Bedeutender ist, daß zumindest in *Gilgamesh*, dem längsten und anspruchvollsten Text, bereits kompliziertere Formen der Erzähltechnik erprobt werden, wie sie dann besonders in der Odyssee erscheinen: Eine entlegene, doch besonders packende Handlung wird in direkter Rede des Helden geboten – so die Sintflut, erzählt von Utnapishtim in der 11. Tafel des Epos. Die Doppelhandlung zu Beginn, die Gilgamesh und Enkidu zusammenführen soll, wird so angelegt, daß die Erzählung zunächst den Abenteuern des Enkidu folgt und dann erst, nach dessen ‹Menschwerdung›, die Träume, Erwartungen und Vorbereitungen des Gilgamesh als Erzählung der Hure an Enkidu erscheinen.[23] So ist eine Vorform selbst für die Erzähltechnik des

Odysseedichters gegeben, der eine mehrsträngige Handlung anlegt, um Odysseus und Telemachos zusammenzuführen, und den Hauptteil der Reiseabenteuer des Odysseus als Ich-Erzählung des Helden im Phäakenland unterbringt. Die Ähnlichkeit des Anfangs von *Gilgamesh* und *Odyssee* ist von Anfang an aufgefallen: Man weckt Aufmerksamkeit für einen Helden, der weit gewandert ist und viel gesehen hat; doch sein Name fällt erst im nachhinein.[24]

Fast als Vorgriff auf die Ilias kann zumal im *Gilgamesh* ein gewisses Ethos der ‹sterblichen Menschen› erscheinen. Geht es doch, nach dem originalen Ausdruck, um die ‹Bestimmungen der Menschheit› (*shimatu awilutim*), und diese bedeuten den Tod, im Kontrast zum dauernden Leben der Götter; einzig Utnapishtim ist es gelungen, das ‹Leben› zu gewinnen; Gilgamesh scheitert. Schon beim Auszug zum Kampf gegen Humbaba zieht Gilgamesh die heroische Konsequenz: «Götter nur thronen ewig mit dem Sonnengott; der Menschheit Tage aber, sie sind gezählt ... Du hier aber scheuest den Tod! ... So will ich denn ziehen, dir voran ... Fiele ich selbst – meinen Namen richtete ich auf.»[25] Weil den Menschen die Ewigkeit versagt ist, bleibt ihnen nur, durch Todesgefahr hindurch Ruhm zu gewinnen, d. h. den ‹Namen aufzurichten›, der den Tod überdauert. Ebenso lauten die Leitbegriffe der Ilias: Den Menschen als ‹Sterblichen› stehen einerseits die ‹Unsterblichen Götter› gegenüber, andererseits die Chance des ‹unvergänglichen Ruhms› (*kleos aphthiton*). «Ja, mein Lieber, wenn wir, aus diesem Krieg entronnen, für immer ohne Alter sein würden und unsterblich, dann würde ich selbst nicht unter den Ersten kämpfen ... Jetzt aber, da gleichwohl vor uns stehen die Göttinnen des Todes ... Gehen wir! – ob wir einem anderen Ruhm verleihen oder einer uns» – so Sarpedon zu Glaukos bei Homer.[26] Solche Einsicht in die *condition humaine* bedeutet freilich nicht Bescheidung gegenüber den Göttern, im Gegenteil, es gibt durchaus den aggressiven Ausbruch: Enkidu wirft Ishtar die Keule des Himmelsstiers zu und ruft: «Kriegte ich dich, auch dir täte ich wie diesem.» «Rächen wollte ich mich, wenn ich nur die Macht hätte», ruft Achilleus gegen Apollon, der ihn getäuscht hat.[27]

Vergleichen lassen sich auch die Schilderungen der Kampfszenen in Ost und West. Einige Andeutungen müssen genügen: Es gibt ein eindrucksvolles ägyptisches Gedicht über König Ramses II. in der Schlacht bei Qadesh gegen die Hethiter. Der Held findet sich plötzlich allein inmitten der feindlichen Krieger. Da betet er zu seinem Vater, dem Gott Amun, und der Gott hört ihn und spricht ihm ermutigend zu; daraufhin wagt der Held den Angriff und erschlägt im Ansturm seine Feinde.[28] Ein anderer packender Text ist in die Annalen von König Sanherib eingefügt; dabei geht es um eine Schlacht bei Halule im Jahr 691 v. Chr. Geschildert wird, wie der König seine Rüstung anlegt, seinen Wagen besteigt und dann mit dem Beistand der Götter seine Feinde niederwirft: «Meine sich bäumenden Rosse, angeschirrt für meinen Wagen, stürzten sich in Ströme von Blut wie in einen Fluß; die Räder meines Wagens, der die Argen und Bösen niederwift, waren mit Blut und Schmutz bespritzt» – man beachte die Beiwörter, die der Darstellung Farbigkeit verleihen. So gut wie Ramses kämpft der Assyrerkönig vom Streitwagen aus, dem Prestige-Kriegsgerät der Bronzezeit. Vor allem aber erinnert die Sanherib-Szene an die Ilias: «So traten unter dem großherzigen Achilleus seine einhufigen Pferde zugleich auf Tote und auf Schilde; mit Blut war die Achse von unten her ganz besudelt, und die Einfassung um seinen Sitz, die von den Pferdehufen her aufgeschleudert die Blutstropfen trafen …»[29] Beachtet man den Entstehungszeitraum des assyrischen Textes, so könnte man mit dem Gedanken spielen, daß unter den Söldnern der assyrischen Armee auch ein griechischer Sänger war, der in dieser Weise die glorreiche Schlacht besang und solchen Erfolg mit seinem Lied hatte, daß der Text in die offiziellen Annalen Aufnahme fand, wo er merkwürdig kontrastiert mit den trockenen Listenangaben von besiegten Feinden und gewonnener Beute, die sonst diese Textsorte kennzeichnen. Doch wären wohl eingehendere Studien der Kampf-Erzählungen durchzuführen, wobei auch das ‹Lied von Debora und Barak› aus dem Buch der Richter nicht zu vergessen ist; es enthält, neben anderen wilden Szenen, auch eine bemerkenswerte ‹Schlacht am Fluß›.[30]

Es gibt weitere Übereinstimmungen von Orientalischem mit griechischer Epik, die einigermaßen rätselhaft bleiben; so das «Wort von Baum und Stein», das in wechselnder Weise in Ugarit, bei Jeremia und bei Homer und Hesiod erscheint. Im Alten Testament und in der Odyssee sieht es aus, als sei auf einen Mythos vom Ursprung der Menschen ‹aus Baum und Stein› angespielt; eher zur Floskel verblaßt, erscheint der Ausdruck in Ugarit, in der Ilias und bei Hesiod.[31]

Weniger erstaunlich ist, daß Formeln des Segens über Land und Leute unter der Herrschaft des guten Herrschers, die von Hesiod und Homer bekannt sind, erst recht in Mesopotamien auftauchen: Die Erde bringt reiche Frucht, die Bäume tragen üppig, die Tiere gedeihen, «die Menschen blühen unter ihm» – so Odysseus zu Penelope, so Hesiod über die Wirkung der Gerechtigkeit (*Dike*), so aber auch die Selbstdarstellung des Assurbanipal: Seit die Götter «mich wohlwollend auf dem Thron des Vaters, meines Erzeugers hatten Platz nehmen lassen, ließ Adad seine Regengüsse los, öffnete Ea seine Quellen, wurde das Getreide fünf Ellen in seinen Ähren hoch, ... gedieh die Feldfrucht ... brachten die Obstpflanzungen die Frucht zu üppiger Entfaltung, hatte das Vieh im Gebären Gelingen. Während meiner Regierungszeit triefte die Fülle; während meiner Jahre wurde Überfluß aufgehäuft.»[32]

Mit solcher Zusammenstellung verwandter Motive könnte es sich wie mit ‹Kling-Klang-Etymologien› verhalten; sie verblüffen und können doch nichts eigentlich beweisen. Ungefähr ähnlich Klingendes wird sich von nahezu überall beibringen lassen. Doch gibt es neben den einzelnen Elementen auch komplexere Strukturen, bei denen bloßer Zufall der Entsprechung sehr viel weniger wahrscheinlich ist. So finden wir hier wie dort ein Göttersystem in Verbindung mit einer grundlegenden kosmogonischen Idee, einen Götterbeschluß zur Vernichtung der Menschheit, die die Erde überlastet, aber auch eine anschauliche Götterszene mit bezeichnender Erzählstruktur und Personal. Dabei ist zu bedenken, daß, wenn in einem einzigen Fall die Übertragung von östlichen Phänomenen in die griechische Epik akzeptiert wird, der Damm bricht, und weitere Verbindungen, einschließlich linguistischer Entlehnungen, wahrscheinlich werden, ja selbst dann kaum mehr abweisbar sein würden, wenn im Einzelfall der sichere Beweis nicht immer zu führen wäre.

Für uns geht es zunächst um einige Passagen der Ilias, stets aus dem Bereich der Götterszenen, bei denen überraschende Entsprechungen mit den bedeutendsten Klassikern der akkadischen Literatur – *Atrahasis, Gilgamesh* und *Enuma elish* – zu finden sind. Dies gilt besonders in jenem Abschnitt der Ilias, den die Alten ‹den Trug an Zeus› (*Dios apate*) genannt haben. Er zeigt stilistische Besonderheiten, die Albrecht Dihle zu dem Schluß drängten, daß hier schriftliche Komposition, nicht mündliche Tradition vorliegen müsse.[33] Vor allem aber gibt es eine inhaltliche Besonderheit, die bereits Platon und vielleicht schon vor ihm den Vorsokratikern aufgefallen ist. Aristoteles jedenfalls fand hier den Anfang der Naturphilosophie, die Quelle der Anregung schon für Thales.[34] Hier und nur hier innerhalb der homerischen Dichtung erscheint das Thema der Kosmogonie. Hera sagt in ihrer Trugrede, sie wolle sich zu Okeanos und Tethys begeben und damit zum «Ursprung der Götter» und zur «Mutter»; Okeanos heißt danach auch «Ursprung für alles». Okeanos und Tethys, behauptet Hera, enthalten sich «seit langem» des Beilagers infolge von «Streit» (*neikea*).[35] Dies klingt wie eine Vorwegnahme der empedokleischen *Neikos*-Kosmogonie. Die ‹Entstehung› von Göttern hat längst aufgehört. Gewiß, innerhalb der Ilias handelt es sich um Lug und Trug der Göttin, doch sind die Motive nicht einfach erfunden; sie wirken über die Reden hinaus: Wenn dann der Himmelsvater mit seiner Gattin sich auf dem Ida-Gipfel in einer goldenen Wolke vereint, während glänzende Tropfen herniederfallen, erscheinen die Gottheiten in einer naturhaft-kosmischen Dimension, die dem homerischen Anthropomorphismus sonst nicht eigen ist. Hinzu kommt schließlich noch die Verteilung der Welt im Losverfahren an Zeus, Poseidon und Hades, wie Poseidon berichtet;[36] dies ist das dritte Stück, das die Götter funktional an den Kosmos bindet.

Okeanos und Tethys haben, was bereits Gladstone auffiel, ihre nächste Entsprechung im babylonischen Epos *Enuma elish*.[37] «Als droben», beginnt dieses Werk, «der Himmel nicht geschaffen war, unten nicht die Erde, Apsu (der Süßwasser-Ozean), der Erste, der Erzeuger und Tiamat (das Salzmeer), die sie alle gebar, ihre Wasser vermischten, ... da wurden die Götter in ihrer Mitte geschaffen» –

Schlangenwesen als erste, dann in mehrstufiger Genealogie die eigentlichen, kultisch verehrten Götter. Das ursprüngliche Zeugen und Gebären freilich hatte dann ein Ende, als Apsu eingeschläfert und Tiamat in einem dramatischen Streit erschlagen wurde. Erst dann hat Marduk den Kosmos in der Gestalt befestigt, wie wir ihn kennen.

Heras beiläufige Improvisationen stimmen also mit dem Anfang von *Enuma elish* in frappierender Weise überein. Als ‹der erste, der Erzeuger› und sie, ‹die alle gebar›, scheinen Apsu und Tiamat dem Paar Okeanos und Tethys völlig zu entsprechen. Dabei ist Tethys keineswegs eine lebendige Figur der griechischen Mythologie und Religion. Im Gegensatz zur Meeresgöttin Thetis, der Mutter des Achilleus, mit der sie schon in der Antike gelegentlich verwechselt wird, hat Tethys keinen Kult, und niemand weiß weiteres über sie zu erzählen.[38] Sie existiert offenbar nur in diesem Homerpassus. Wie sie zu der Ehrenstellung einer Urmutter kam, weiß in Griechenland niemand. Und da kommt nun doch das Kling-Klang der Namen ins Spiel. *Ti-amat* gibt die übliche Schreibweise des *Enuma elish* wieder; das dahinterstehende akkadische Wort ist *tiamtu* oder *tâmtu*, ‹das Meer›. Der Name kann phonetisch in dieser Weise geschrieben werden, doch auch eine Schreibweise *tawatu* findet sich im *Enuma elish*. Geht man von *Tawtu* aus, ist *Tethys* eine geradezu perfekte Transkription.[39] Die Abfolge der Dentale entspricht normaler griechischer Orthographie; der Vasenmaler Sophilos allerdings schreibt ΘΕΘΥΣ.[40] Der Text des *Enuma elish* ist dem Eudemos, dem Schüler des Aristoteles, bekannt geworden; erhalten ist die Paraphrase des Anfangs, und da erscheint Tiamat als Ταυθέ,[41] was offensichtlich *Tawtu* (Kasusformen *Tawti*, *Tawta*) wiedergibt. Daß ein langes A im Ionischen als *eta* erscheint – auch bei vergleichsweise jungen Entlehnungen –, hat in *Kybebe* statt Kubaba, *Belos* statt Baal, *Medoi* statt Mada überzeugende Parallelen. Damit ist die Beweisführung abgeschlossen, daß hier, gleichsam mitten in der Ilias, im geheimnisvollen Namen der Urmutter der direkte Einfluß eines akkadischen Klassikers faßbar wird.

Zu beachten ist, daß von bronzezeitlicher Entlehnung in diesem Fall nicht die Rede sein kann. Vierhundert Jahre mündlicher Überlieferung hätten doch wohl zu stärkerer Umbildung im Rahmen des Einschmelzungsprozesses geführt. Auch ist gar nicht sicher, daß das *Enuma elish* so früh zu datieren ist.[42] Hinzu kommen die Beobachtungen Albrecht Dihles hinsichtlich des ‹jungen› Charakters dieses Stückes. An dieser Stelle fassen wir also, um mit einer Formulierung von Martin West zu sprechen, «a neo-oriental element».

Steht der orientalisierende Hintergrund für den ‹Trug an Zeus› einmal fest, so zieht dies weitere Beobachtungen nach sich. Aphrodite zeigt deutliche und komplexe Beziehungen zu den orientalischen Kulturen.[43] Der ‹gestickte Gürtel› (*kestos*), den Hera als Liebeszauber von Aphrodite ausleiht, scheint in besonderer Weise mit Östlichem verbunden.[44] Der Katalog der von Zeus geliebten Frauen – den antike Kritik ausscheiden wollte – hat sein Gegenstück in der Liste der Liebhaber, die Gilgamesh der Ishtar vorhält.[45] Der berühmte Eid der Götter bei der Styx, den Hera sich zu leisten veranlaßt sieht, ist eigentlich ein kosmischer Eid: Himmel, Erde und das Wasser der Unterwelt werden zu Zeugen angerufen. Gerade eine solche kosmische Formel beschließt die Aufzählung göttlicher Zeugen in dem einzigen aramäischen Vertragstext, der aus dem 8. Jahrhundert überliefert ist: «Himmel und Erde, die Tiefe und die Quellen, Tag und Nacht.»[46]

Wenn Zeus, der Wettergott, mit seiner Frau in der Gewitterwolke auf dem Bergesgipfel die Ehe vollzieht, ist daran zu erinnern, daß der Wettergott mit seiner sich entblößenden Partnerin auf ihren Sturmdrachen in der östlichen Siegelkunst immer wieder dargestellt wird; und die Hochzeit von Himmel und Erde wird explizit zum Thema in der akkadischen Literatur.[47] Vom Heraion auf Samos stammt eine berühmte hölzerne Statuette, die Hera in der Umarmung von Zeus darstellt;[48] sie ist wohl von der Ilias-Szene inspiriert und zeigt doch ikonographisch eine gewisse Abhängigkeit von östlichen Vorbildern.

Hinzu kommt die Rolle der ‹Titanen›. Von den fünf Homerpassagen, die die alten Götter erwähnen, die in der Unterwelt gefangen sind, stammen drei aus dem Kontext des ‹Trugs an Zeus›. Auch die anderen beiden stehen in Götterszenen, in denen der Göttervater Zeus seine Souveränität proklamiert.[49] Seit der Kumarbi-

Entdeckung ist bekannt und anerkannt, daß griechische Mythologie die Vorstellung von ‹alten›, gestürzten Göttern mit der akkadischen, hethitischen und phönikischen gemeinsam hat. Im einzelnen sind die Befunde komplex, im Griechischen wie im Orient. In der griechischen Tradition ist der Begriff der ‹Titanen› als einer kollektiven Gruppe nicht ausgeglichen mit der einen Person des Kronos, der zwischen ‹Himmel› (*Uranos*) und Zeus steht; bei den anderen finden wir neben Kumarbi, der Hauptgestalt des hurritisch-hethitischen Sukzessionsmythos, auch noch andere ‹alte Götter›, stets als Mehrzahl genannt. Der Wettergott habe sie in die Unterwelt gesandt. In Mesopotamien entsprechen ihnen die *ilani kamûti*, ‹überwältigte› oder ‹gefesselte› Götter, auch sie durch siegreiche Götter unter die Erde gebannt.[50] Im *Enuma elish* sind es die Anhänger der Tiamat, die sich gegen Marduk gestellt hatten, in anderen Texten die bösen ‹Sieben›, die der Himmelsgott gebunden hat. In der orphischen Tradition bei den Griechen beträgt die Zahl der Titanen, Söhne von Himmel und Erde, nun auch gerade ‹sieben›.[51]

Die Nennung der bösen ‹Sieben› gehört vor allem in den Bereich von Beschwörung und Abwehrzauber. Dies weist auf eine weitere mögliche Beziehung zwischen den Texten und den hinter ihnen stehenden Vorstellungswelten hin: Im Abwehrzauber werden immer wieder Figuren hergestellt, freundliche und vor allem auch feindliche, die sich dann manipulieren und zerstören lassen. Das geeignetste Material für diesen Zweck ist Lehm, der akkadisch *ṭiṭu* heißt. Dieses Wort ist im Bereich des Bauhandwerks als *titanos* ‹Gips› zu den Griechen gelangt.[52] Spätere griechische Autoren haben eben dieses Wort als Etymologie für die ‹Titanen› herangezogen: Als die Titanen das Dionysoskind überfielen, machten sie ihre Gesichter mit Gips unkenntlich – daher ihr Name. Innerhalb der griechischen Sprache greift diese Etymologie dank der Feststellung nicht, daß das I von *Titanes* / *Titenes* lang, das in *titanos* jedoch kurz ist. Das semitische Grundwort aber hat langes I, so daß mit der Hypothese der Entlehnung auch ein Zusammenhang beider Wörter wieder plausibel wird. Ein ritueller Kontext läßt sich durchaus vermuten: Mesopotamische Magier stellten die ‹überwundenen Götter›, die man doch im Schadenzauber, im Abwehrzauber und auch als Garanten von Eiden braucht, als Lehmfiguren dar – *ṣalmê ṭiṭ*; dies konnte Anlaß geben, vom tit-Volk zu sprechen, ‹Titanes›. Direkt belegen läßt sich dieser Bezug freilich nicht.

Die Überlegungen hinsichtlich Verbindung der Szenen um den ‹Trug an Zeus› mit der akkadischen Literatur haben durch den erst 1969 publizierten Text eines der ältesten und bedeutendsten akkadischen Epen, *Atrahasis*, neue Nahrung erhalten. Nur wenige, wenig ergiebige Fragmente waren zuvor davon bekannt gewesen.[53] Die alte Redaktion in drei Tafeln stammt aus der Zeit von Ammiṣaduqa, bald nach Hammurapi, also etwa aus dem 17. Jahrhundert; verschiedene altbabylonische Exemplare sind in Fragmenten erhalten, aber auch die Bibliothek Assurbanipals enthielt noch mehrere leicht voneinander differierende Ausgaben; ein Bruchstück einer weiteren Rezension fand sich in Ugarit. Es handelt sich also um einen mehr als 1000 Jahre lang verbreiteten und beliebten Text, und zwar um einen Text von erstaunlich origineller, geradezu moderner Konzeption.

Der Name des Helden, den wir als Titel benützen, heißt ‹herausragend durch Verständnis›; angebrachter wäre als Titel, von einer ‹Geschichte der Menschheit› zu sprechen. Sie beginnt mit der paradoxen Situation, «als die Götter nach Menschenart waren …» – dies die Anfangszeile –, also als es noch keine Menschen gab: Da mußten die Götter selbst alle Arbeit leisten, vor allem Kanäle und Dämme graben. Dies führte zu einem Streik der jüngeren Götter gegen Enlil, den obersten der Götter. Zum Glück fand Enki, der kluge Gott des Wassers der Tiefe, die rechte Abhilfe; zusammen mit der Muttergöttin erschuf er die Menschen als Roboter, die fortan «die Last zu tragen haben».

Bald jedoch, «nach 600 (und) 600 Jahren», nehmen diese Kreaturen überhand und werden lästig durch ihren Lärm; darum versuchen die Göter nun, sich ihrer wieder zu entledigen. Drei Versuche unternimmt Enlil, offenbar im stereotypen Abstand von je 1200 Jahren. Zuerst läßt er eine Pest kommen, dann eine Hungersnot, und zuletzt die Sintflut. Doch Enki, der Listige, vereitelt alle Anschläge; er spielt die Götter gegeneinander aus und läßt schließlich Atrahasis, seinen Schützling, das rettende Schiff erbauen. Der Schlußteil ist, wie man jetzt sieht, die direkte Vorlage der berühmten Tafel 11 des *Gilgamesh*-Epos, die so viel früher Furore gemacht hat, zumal sie ihrerseits offensichtlich auf die Geschichte von Noah im ersten Buch Moses einwirkte. Der *Atrahasis*-Text freilich ist alles andere als ein Beispiel alttestamentarischer Frömmigkeit; er ist geprägt von einem merkwürdig humanen, wenn nicht gar zynischen Optimismus: Ob mit, ob gegen die Götter – dieses Menschengeschlecht mit all seiner Plackerei ist doch so herrlich unverwüstlich. «Wie hat der Mensch die Vernichtung überlebt?» fragt Enlil irritiert am Ende[54] – kein Zweifel jedenfalls, die Menschheit hat überlebt.

Am Anfang des *Atrahasis*-Textes wird nun das babylonische Pantheon gleichsam systematisch eingeführt: «Anu, ihr Vater, war König; ihr Ratgeber Enlil der Held; ihr Minister Ninurta; ihr Deichgraf Enki.» Auch diese Verse hat das *Gilgamesh*-Epos kopiert, nicht aber die folgenden Zeilen: «Sie faßten die Losflasche an ihrem Hals, sie warfen das Los; die Götter teilten: Anu ging nach oben in seinen Himmel», ein zweiter Gott – hier ist eine Textlücke – nahm «die Erde; und die Riegel, die Falle des Meeres, waren dem ... Enki hingelegt». Enlil, der aktivste der Götter, muß in der Lücke genannt sein, so daß die geläufige Dreiheit von Anu, Enlil und Enki – Himmelsgott, Sturmgott und Wassergott – zustande kommt. Wiederholt kommt der *Atrahasis*-Text auf die grundlegende Dreiteilung des Kosmos zurück, der jenen drei verschiedenen Göttern untersteht, besonders als Enlil, um die Hungersnot durchzusetzen, eine totale Blockade der Menschenwelt veranlaßt.[55] Eine abweichende Version, Tafel ‹X›, nennt dabei für den Himmel ‹Anu und Adad›, Himmelsgott und Wettergott, für die Erde ‹Sin und Nergal›, Mondgott und Totengott; die Unterwelt ist also dem Begriff ‹Erde› zugerechnet.[56] Fest bleibt der Bereich von Enki, dem Herrn der Wassertiefe – nicht des Salzmeeres, sondern des trinkbaren Grund- und Quellwassers. Dies ist auch ein Bereich des griechischen Poseidon.

In Homers Ilias nun stehen die bekannten, später sehr oft zitierten Verse, in denen die Einteilung der Welt mit den zuständigen Göttern besetzt wird. Poseidon spricht: «Als wir die Lose warfen, da erhielt ich die graue See zum ständigen Wohnsitz, Hades erloste das dunstige Dunkel, Zeus aber erloste den weiten Hinmmel mit Himmelsblau und Wolken; die Erde aber ist allen gemeinsam, und der weite Olymp.»[57]

Vom System des *Atrahasis* weicht dies in dem Detail ab, daß die Erde samt Götterberg zum Kondominium erklärt wird. Poseidon besteht auf seinem Recht, auch in der Ebene vor Troia tätig zu werden. Doch die Grundstruktur beider Texte ist überraschend ähnlich: Drei Teile des Kosmos sind entworfen – Himmel, Erdentiefe und Wasser –, und diese drei kosmischen Bereiche sind den drei ranghöchsten Göttern des Pantheons zugewiesen, ausnahmslos männlichen Göttern. Diese Verteilung aber war eine mythische Aktion, man warf die Lose, hier wie dort. Dies ist bei griechischen Göttern sonst nicht der Brauch; nach Hesiod hat Zeus seinen Vorgänger und Vater Kronos mit Gewalt entthront, dann aber haben alle anderen Götter ihn aufgefordert, König zu sein.[58] Auch in anderer Hinsicht ist der Passus in der griechischen Überlieferung, genau besehen, ein Unikum: Wenn sonst im alten Epos die Bereiche des Kosmos aufgezählt werden, finden sich die Dreiheiten Himmel–Erde–Unterwelt oder Himmel–Meer–Erde oder auch eine Vierheit als Kombination, und zwar Himmel, Erde, Meer und Unterwelt, aber nicht die drei Domänen der Kronos-Söhne, Himmel, Meer und Unterwelt. Die Dreiheit der Brüder und ihrer Bereiche spielt im weiteren bei Homer keine Rolle; in *Atrahasis* ist jener Passus grundlegend, er wird wiederholt aufgegriffen.

Es gibt kaum einen anderen Homer-Passus, der so nahe daran herankommt, Übersetzung eines akkadischen Textes zu sein. Gewiß, eine Übersetzung im vollen Sinn liegt nicht vor, vielmehr eine Umsetzung – dies jedoch in einer Weise, daß das fremde Gerüst noch durchscheint. Sollte dies noch immer Zufall sein? Im isolierten Fall wäre damit zu rechnen; doch im Kontext des ‹Trugs an Zeus› häufen sich die Indizien in einer Dichte, die einfach kein Zufall ist.

Von *Atrahasis* aus läßt sich eine andere Verbindung zur griechischen Literatur feststellen, die freilich an der Ilias vorbeiführt. Die Grundkonzeption jenes altbabylonischen Epos wirkt beunruhigend modern: Die Menschen nehmen überhand, die Erde gerät in

Bedrängnis, und nur eine Katastrophe der Menschheit, ja ihre Vernichtung scheint als Lösung zu bleiben; das letzte Mittel, das schließlich die Fortexistenz ermöglich, heißt ‹Geburtenkontrolle› – so wörtlich im Text.[59] Jedoch kennt das Gedicht nur eine Lösung des Dilemmas und die liegt in der Institution von Priesterinnen, die keine Kinder bekommen.

Die Bedrängnis der Erde durch die Menschen wird in Versen geschildert, die formelhaft jeweils zu Beginn eines neuen Aktes wiederkehren: «Zwölfhundert Jahre waren noch nicht vergangen, da breitete das Land sich aus, die Leute wurden viele. Das Land brüllte wie ein Wildstier. Von ihrem Lärmen gerieten die Götter in Unruhe. Enlil hörte ihr Geschrei, er sprach zu den großen Göttern: ‹Schwer geworden ist das Geschrei der Menschheit, von ihrem Lärmen bin ich des Schlafes beraubt›.» Und darum plant der Gott nun jene schon erwähnten Katastrophen – Seuche, Dürre, und Sintflut.[60]

Dem kommt ganz nahe ein Stück des griechischen Epos, ein durchaus prominenter Text, handelt es sich doch um die Schilderung der eigentlichen Ursache des Troianischen Kriegs. *Kypria* hieß ein Epos, das in der archaischen und klassischen Epoche recht bekannt war; daß es ein Werk des Homer sei, scheint Pindar zu akzeptieren, Herodot jedoch bezweifelt es.[61] Als nicht-homerisch verfiel es dann der Verachtung und ging so verloren.

Vom Beginn dieser Dichtung ist ein Fragment erhalten, wenn auch in korrupter Textform; es wird zitiert, um den ‹Ratschluß des Zeus› zu erklären, den die Ilias gleich zu Anfang hervorhebt (1,5). Im Stil eines Märchenanfangs setzt der Text ein:[62]

> «Es war eine Zeit, als unendlich viele Völker der Menschen über die Erde sich hin- und herbewegten,
> (… Lücke – evtl.: sie bedrängten?) die Breite der tiefbrüstigen Erde.
> Zeus aber sah es und empfand Mitleid, und in seinem dichten Denken beschloß er,
> die allnährende Erde von Menschen zu erleichtern,
> indem er den großen Streit des Ilias-Kriegs entfachte.»

Daneben wird auch eine Prosaerzählung geboten:[63] «Die Erde, beschwert von der Überfülle der Menschen, zumal es auch keinerlei Frömmigkeit bei den Menschen gab, bat Zeus, von dieser Last erleichtert zu werden. Zeus bewirkte zuerst, daß der Thebanische Krieg ausbricht, durch den er sehr viele vernichtete; danach wiederum beriet er sich mit Momos – das ist der ‹Ratschluß des Zeus›, von dem Homer spricht –: Er hätte mit Blitzen oder Sintfluten alle verderben können, doch daran hinderte ihn Momos. Er schlug ihm vielmehr vor, Thetis mit einem Menschen zu verheiraten und eine schöne Tochter zu zeugen …» So kommen Achilleus und Helena und damit die Hauptgestalten zur Durchführung des Troianischen Kriegs auf die Welt.

Beide Texte lassen sich nicht einfach zusammensetzen. In den zitierten Versen reagiert Zeus mit seinem ‹Ratschluß› unmittelbar auf den bedauerlichen Zustand der Erde und zielt damit direkt auf den Troianischen Krieg; daß Zeus dann die Einzelheiten mit Themis bespricht, wie es in der Inhaltsangabe der *Kyprien* bei Proklos heißt,[64] läßt sich anschließen. In der Prosafassung aber ist die Erde nicht stummes Objekt des Mitleids, sondern sprechender Partner; der ‹Ratschluß› bezieht den Thebanischen Krieg mit ein, und darauf folgt die merkwürdige Beratung mit Momos, dem personifizierten ‹Tadel›. Es handelt sich also um zwei konkurrierende Fassungen, wobei die Prosafassung umfassender und differenzierter ist. Als dritte Version existiert daneben die Konzeption der Hesiodeischen *Kataloge*.[65] Darin geht das Zeitalter der Heroen – die Epoche der Interaktionen von Göttern und Menschen – durch einen einsamen Beschluß des Zeus zu Ende, den die anderen Götter «noch nicht» durchschauen. Ziel des Zeus ist es, der Verwirrung von menschlichem und göttlichem Bereich ein Ende zu machen: «Er erstrebte, das Geschlecht der Menschen großenteils zu vernichten» (98 f.), und zwar durch die Katastrophe des Kriegs. Freilich ist der Text der *Kataloge* stark zerstört und nicht voll verständlich; daß die Katastrophe durch Helena ausgelöst werden soll, wird jedenfalls deutlich. In Hesiods *Erga* sind es der Thebanische und der Troianische Krieg, die dem Heroenzeitalter sein Ende setzen (163–165).

So liegen im Griechischen drei Varianten der Grundkonzeption einer Menschheitskatastrophe vor, die durch den höchsten Gott ausgelöst wird; dabei gehören *Kyprien* und *Kataloge,* wenn auch nicht genau datiert, doch sicher der archaischen Epoche an, während die Quelle der Prosafassung sich zeitlich nicht fixieren läßt. Und doch hat gerade diese eine besondere Affinität zum *Atrahasis*-Text: Zwar werden nicht verschiedene Katastrophen-Pläne ins Werk gesetzt, doch immerhin erwogen, wobei die Sintflut als die radikalste Maßnahme erscheint. Am seltsamsten ist die Rolle des *Momos,* der offenbar nur hier als Berater des Zeus erscheint; ihm kommt die wenig überzeugende Funktion zu, zwei Vorschläge abzulehnen. Oder ‹tadelt› er die Menschheit, bei der «keinerlei Frömmigkeit» zu finden sei? Dieses Motiv steht konkurrierend neben dem schieren Phänomen der Übervölkerung, als läge eine alttestamentliche neben der mesopotamischen Motivation, die Menschheit auszulöschen. Kurioserweise steht am Anfang von *Enuma elish,* daß Apsu, ‹der Erste, der Erzeuger› vom Lärm der jungen Götter, die seine Ruhe stören, vergrämt war und einen Vernichtungsplan faßte; dabei steht ihm ein anderer Urgott, namens Mummu, zur Seite; «den Apsu beriet er».[66] Dann allerdings wird Apsu seinerseits eingeschläfert. Ist Momos eine Replik von Mummu? Dann wären im griechischen Text Motive aus *Atrahasis* und *Enuma elish* in ähnlicher Weise kontaminiert wie im bereits erwähnten ‹Trug an Zeus›. Auch damit freilich wäre dem Scholientext noch kein sicherer Platz im Rahmen griechischer Literatur zugewiesen. Doch ist daran zu erinnern, daß auch in einem anderen Fall ein später Prosatext die frappanteste Parallele zu einem hethitischen Mythos liefert, Apollodor über Typhon in Entsprechung zur Erzählung von der Schlange Illuyankas.[67]

Was die *Kyprien* betrifft, so erweist der *Atrahasis*-Text die Idee von der Überlastung der Erde durch die wachsende Menschheit und vom Vernichtungsplan des leitenden Gottes, des Wettergottes, als außerordentlich alt. Dies spricht entscheidend dagegen, im Kyprien-Anfang eine beliebige ‹nachhomerische› Erfindung zu sehen.[68] Hinzu kommt in diesem Fall auch vom Griechischen her ein Indiz vom Orient: Der merkwürdige Titel *Kypria* kann nur Hinweis auf die Insel Cypern sein, wie skeptisch man auch immer die Überlieferung über Stasinos aus Cypern als Autor dieses Gedichts beurteilen mag. Einen Hinweis darauf, daß manches vom Inhalt der *Kypria* um 650 jedenfalls bekannt war, gibt die früheste Darstellung des Paris-Urteils auf der sogenannten Chigi-Kanne,[69] neben einem umstrittenen Hinweis auf eben diese Episode im 24. Buch der Ilias.[70] Dann aber führt dies in jene Epoche Cyperns, als seine Könige formell unter assyrischer Oberhoheit standen und doch in erstaunlicher Weise Macht und Pracht entfalten konnten, wobei ‹orientalischer› Luxus und ‹homerischer› Lebensstil sich in wunderlicher Weise mischen. Die Bestattungen sind aufwendig wie jene des Patroklos, mit Opfern von Wagen und Pferden; orientalische Prunkmöbel finden sich im Grab, zudem ein ‹Schwert mit Silbernägeln›, das ganz besonders an die homerische Welt erinnert. Es bleibt dunkel, warum gerade das ‹homerische› Thema vom Krieg um Troia auf Cypern beachtet und literarisch gestaltet wurde; daß dies geschah, bezeugen eben damals die ‹Kyprischen Verse›, die *Kypria,* die just in der Zeit entstanden, als die Keilschriftstelen assyrischer Könige in Cyperns Städten standen.[71]

An der Ilias ist seit je der ‹Götterapparat› aufgefallen, der die Handlung der Ilias und in etwas anderer Weise auch die der Odyssee begleitet. Gelegentlich ist er als ein ‹spätes› Element im heroischen Epos angesprochen worden. Längst ist man auch auf orientalische Parallelen gerade zu den Götterszenen aufmerksam geworden. Zwar ist die durchgehende ‹doppelte Bühne› der Götter- und Menschenhandlung, die der Iliasdichter virtuos bespielt, in dieser Form in den mesopotamischen Epen nicht zu finden.[72] Doch in *Atrahasis* so gut wie in *Gilgamesh* sind die Götter immer wieder mit Menschen, mit ihren Taten und Leiden, befaßt, während sich – dementsprechend – die Könige in ihren Äußerungen rühmen, in direktem Kontakt mit ihrem Gott den Sieg im heroischen Kampf errungen zu haben.

In *Gilgamesh* gibt es eine Begegnung von Gottheit und Mensch, die bald Berühmtheit erlangte: Als Gilgamesh den Humbaba getötet und sich dann vom Kampfschmutz gereinigt hat, erhebt Ishtar ihre Augen zu dem strahlenden Sieger und bietet sich ihm an, bietet märchenhaftes Glück: «Schenke, o schenke mir deine Fülle!» Doch Gilgamesh weist sie schnöde ab, indem er Ishtars frühere Partner aufzählt, die sie alle einmal ‹geliebt› hat, um sie dann zu verstoßen und zu verwandeln. «Liebst du mich, machst du mich jenen gleich.»

> «Ishtar – kaum daß sie dies hörte – war sie, Ishtar, sehr zornig
> sie stieg empor zum Himmel,
> Es ging Ishtar hin, sie weint vor Anu, ihrem Vater …
> vor Antum, ihrer Mutter, fließen ihre Tränen:
> ‹Mein Vater! Gilgamesh hat mich sehr beschimpft!
> Gilgamesh zählte alle meine Beschimpfungen auf,
> meine Beschimpfungen und Flüche!›
> Anu tat zum Reden den Mund auf und sprach zur fürstlichen Ishtar:
> ›Wohl reiztest du selber den König von Uruk.
> Darum zählte Gilgamesh deine Beschimpfungen auf,
> deine Beschimpfungen und Flüche.›»[73]

Vergleichen wir damit nun eine Szene aus der Ilias: Aphrodite ist auf dem Schlachtfeld, als sie ihren Sohn Aineias schützen wollte, von Diomedes verwundet worden, und ihr Blut fließt: «Sie aber, außer sich, ging weg und wurde schrecklich gepeinigt.» Mit Hilfe von Iris und Ares gelangt sie zum Olymp. «Sie aber, die göttliche Aphrodite, fiel der Dione in den Schoß, ihrer Mutter, und sie nahm in die Arme ihre Tochter, streichelte sie mit der Hand» und fragt: «Wer hat dir solches angetan, liebes Kind?» Aphrodite antwortet: «Verwundet hat mich des Tydeus Sohn, der hochgemute Diomedes.» Die Mutter tröstet sie mit mythischen Exempeln: Auch andere Götter mußten leiden. Athena, die Schwester, die auf seiten des Diomedes steht, macht eine spitze Bemerkung; Zeus, der Vater, aber lächelt, er ruft die Tochter zu sich heran und sagt: «Nicht dir, mein Kind, sind gegeben des Krieges Werke. Vielmehr, gehe du den lieblichen Werken der Hochzeit nach …» Mit anderen Worten: ein bißchen bist du doch selber schuld.[74]

Die beiden Szenen sind im Aufbau, in der Erzählform, in der Erzählhaltung und Stimmung erstaunlich parallel gestaltet: Eine Göttin, verletzt durch einen Helden, fährt auf zum Himmel, um sich bei Vater und Mutter zu beschweren und auszuweinen; sie erntet milden Vorwurf von seiten des Vaters.

Gewiß mag man darin auch eine Allerwelts-Situation aus dem Kinderbereich erkennen. Die Szene wiederholt sich, leicht variiert, später im ‹Götterkampf› der Ilias: Artemis, von Hera geprügelt, setzt sich weinend Vater Zeus auf die Knie, der zieht sie an sich und fragt lachend: ‹Wer hat dir solches angetan?› Und sie erzählt: ‹Deine Frau hat mich gehauen.›[75] Die Szene der Diomedie ist insofern schlichter, als dort die Eltern gemeinsam als Zuflucht auftreten, wobei der Vater die Rolle leicht distanzierter Überlegenheit einnimmt. Aber eben darin entspricht sie auch so ganz der Gilgamesh-Szene.

Wichtiger aber ist noch, daß die göttlichen Personen in beiden Szenen so gut wie identisch sind, und zwar der Himmelsgott, seine Frau und ihre gemeinsame Tochter, die Göttin der Liebe. Aphrodite ist das Äquivalent der Ishtar; sie hat sich einem sterblichen Mann angeboten – Anchises, dem Vater des Aineias, und Anchises hat infolge seines Umgangs mit der Göttin schweren Schaden davongetragen;[76] dies ist ein weiteres Exempel dafür, was Gilgamesh der Ishtar vorwirft. Ob der Name Aphrodite selbst aus Semitischem zu erklären ist, sei hier dahingestellt.[77] Jedenfalls aber hat, was besonders auffallend ist, Aphrodite hier, und nur hier, eine Mutter im Olymp, die offenbar – ohne weitere Rücksicht auf Hera – als Ehefrau mit Zeus zusammenlebt: *Dione*.[78] Der Kontrast zur Schaumgeburt der Aphrodite in Hesiods Theogonie, nach der Kastration des Uranos, ist schon in der Antike diskutiert worden. Eine Dione erscheint im Kult von Dodona, eine *Diwija* im mykenischen Befund. Dabei ist jedenfalls *Dione* im Griechischen als Feminin-Bildung zu Zeus leicht zu erkennen und verständlich. In der homerischen Götterfamilie ist ein solches Paar jedoch ein Unikum. Genau dies aber entspricht dem akkadischen Text, in dem Anu der ‹Himmel› als Gattin eben Antu bei sich hat, deren Name das semitische Feminin-Suffix aufweist; dieses Paar, Herr und Frau ‹Himmel›, ist in Kult und Mythos Mesopotamiens fest etabliert. ‹Homer› scheint also sogar im linguistischen Bereich von *Gilgamesh* beeinflußt, indem er, unberührt von sonstiger griechischer Mythologie, *Dione* als Gegenstück zu *Antu* einführt, wenn er eine eindrucksvolle Götterszene nachbildet. Man kann die Beziehung *Tethys/Tawtu* daneben stellen, auch wenn es das eine Mal um eine kosmische Urgestalt, das andere Mal um eine Erzählstruktur mit passenden Charakteren geht.

Natürlich darf man auch die Unterschiede bei allen Gemeinsamkeiten nicht aus den Augen verlieren. Ishtars Begegnung mit Gilgamesh ist im Aufbau des *Gilgamesh*-Epos fest verankert; die Szene bildet den Übergang vom Humbaba-Thema zur nächsten Großtat, der Überwindung des ‹Himmelsstiers›. Diesen gegen Gilgamesh zu treiben, ist Ishtars Rache; dies gibt Gilgamesh und Enkidu Anlaß, mit der Stiertötung eine Form des Opfers zu stiften. Ritueller Hintergrund und rituelle Einzelheiten treten deutlich hervor: Daß Gilgamesh Ishtar abweist, entspricht dem Jäger-Tabu, das sexuelle Enthaltsamkeit fordert; eben damit bringt aber Gilgamesh den Stier herbei. Auch von den Verwandlungen, von denen der Liebhaber-Katalog weiß, hat mindestens eine deutlich eine kulturstiftende Funktion, und zwar die Bändigung des Pferdes durch sein Geschirr.[79] Bei Homer ist daraus eine in der Gesamthandlung funktionslose, doch um so liebevoller ausgemalte Genre-Szene geworden. Sie hat ihren Reiz und ihre Bedeutung auf der göttlich/menschlichen Doppelbühne der Ilias-Konzeption, doch weder im Erzählzusammenhang noch in bezug auf den kultischen Hintergrund ein der akkadischen Dichtung vergleichbares Gewicht. Man findet auch sonst akkadische Dämonen in griechische Popanze verwandelt, so etwa, wenn Lamashtu zur Gorgo wird;[80] auf der Ebene der Götterdichtung hat sich Vergleichbares abgespielt.

Auch in einer Szene der Odyssee läßt sich die Feststellung eines Einflusses von *Gilgamesh* wohl kaum abweisen: Da wird einmal ein Gebet geschildert, das den modernen Religionshistorikern Probleme bereitet. Als Penelope von der gefährlichen Reise erfährt, die ihr Sohn Telemachos unternommen hat, und obendrein vom Plan der Freier, Telemachos unterwegs zu ermorden, da bricht sie in Tränen und Klagen aus; dann aber faßt sie sich, wäscht sich, zieht reine Kleider an, geht hinauf ins obere Stockwerk – zusammen mit ihren Mägden –, nimmt Gerstenkörner in einen Korb und betet zu Athena, Telemachos möge heil zurückkommen. Dann folgt ein unartikulierter Schrei (*ololyge*).[81] Gerstenkörner und Schrei gehören an sich zum blutigen Opfer, das mit Gebet zusammengeht; beides muß in Penelopes Situation überraschen. Interpreten sprachen von einer ‹Abkürzung des Opfers› oder aber von einem sonst unbezeugten Ritual vegetarischer Opfergaben, wenn nicht gar hinter dieser Seltsamkeit bloß Inkompetenz eines ‹Redaktors› der Odyssee gestanden haben sollte. Doch man lese *Gilgamesh*: Als Gilgamesh mit Enkidu die Stadt verläßt, um Humbaba zu bekämpfen, vollzieht seine Mutter einen zeremoniellen Gebetsritus: «Ninsun geht in ihre Kammer, sie nimmt … (eine besondere Pflanze), sie zieht ein Gewand an, das ihrem Körper entspricht, sie legt Schmuck an, der ihrer Brust entspricht … sie träufelt Wasser aus einer Schale auf Boden und Staub. Sie ging die Treppe hinauf, ging zum oberen Stockwerk, für Shamash (den Sonnengott) opferte sie Räucherwerk, sie brachte ein Opfer und erhob ihre Hände vor Shamash.» So betet sie in ihrer Not und Sorge, daß ihr Sohn heil zurückkehren möge.[82] Die Situation an sich – das Gebet einer Mutter für ihren auf Abenteuer ausgehenden Sohn – ist nichts Besonderes. Doch in den Einzelheiten ist die Odyssee-Szene fast schon eine Übersetzung aus *Gilgamesh*; sie ist *Gilgamesh* viel ähnlicher als die an sich vergleichbare Szene der Ilias, als Achilleus für die Rückkehr des Patroklos betet und eine feierliche Wein-Libation vollzieht.[83] Und was am Ritual der Odyssee seltsam erschien, ist in *Gilgamesh* ganz an seinem Platz: Man verbrennt ganz nach geläufiger semitischer Praxis Räucherwerk auf den Dächern; in der Hinwendung zum Sonnengott ist dies besonders naheliegend. Zeremonielles Gebet von Frauen in dem ihnen zugewiesenen oberen Stockwerk aber kommt sonst in Griechenland nicht vor.[84] Der Odysseedichter mag gewußt haben, daß Weihrauch in der homerischen Welt fehl am Platze wäre; so wählte er den Frauen-Anteil des Opfers, Gerstenkörner und Kultschrei – *oulochytai* und *ololyge*. Ritualbeschreibungen geben der Erzählung ein besonderes Kolorit; doch macht sich auch hier die östliche Tradition bemerkbar.

Und noch eine Kleinigkeit paßt in diese Gruppe von zu beobachtenden Parallelen zwischen griechischen und orientalischen Texten: Man darf sich wundern über die Klage des Hirten Philoitios in der Odyssee, als er den Bettler – seinen unerkannten Herrn – erblickt:

> «Vater Zeus, keiner der Götter ist verderblicher als du.
> Du hast kein Mitleid mit den Menschen, nachdem du sie selbst gezeugt hat.»[85]

Wieso kann Philoitios behaupten, daß Zeus die Menschen selbst gezeugt hat? Die Kommentare retten sich ins Unverbindliche. Daß hier zugleich der wohl älteste Beleg für die Antithese ‹erzeugen – vernichten› (*gignesthai – ollusthai*) vorliegt, läßt sich beiläufig festhalten. Und siehe da: Im Akkadischen wie im Hebräischen ist geläufig, daß die ‹Schöpfung› der Menschen durch einen Gott durchaus eine Verpflichtung eben des Gottes gegen sein ‹Geschöpf› bedeutet. Darauf insistiert die Gebetssprache: «Was du geschaffen hast, zerstöre nicht!», ruft das Geschöpf; «warum sollen wir, was wir geschaffen haben, zerstören?», sagen sich die Götter selbst.[86] Der im Griechischen auffallende Vorwurf gegen den Gott, der vernichtet, was er selbst erzeugt hat, dürfte also zu den orientalisierenden Motiven gehören, nur daß der griechische Dichter nicht umhin konnte, anstelle der Schöpfertätigkeit des Gottes das mythische ‹zeugen› zu setzen.

Ein weiterer, etwas distanzierter Reflex von *Atrahasis* in der Ilias mag noch erwähnt sein: Eine besonders dramatische Episode zu Beginn des babylonischen Epos ist der Aufstand der jüngeren Götter, der Arbeiter, gegen Enlil, ihren Boß. Sie haben es satt, Kanäle zu graben und Deiche aufzuschütten, sie verbrennen ihr Werkzeug und rücken bei Nacht vor das ‹Haus› von Enlil; dieser gerät in die zu erwartende Aufregung und schickt in aller Eile einen Boten zu Anu in den Himmel und zu Enki in die Wassertiefe. Beide kommen und geben ihren Rat; Lösung bringt die Erschaffung der menschlichen Roboter.[87] Im ersten Buch der Ilias erzählt Thetis eine Geschichte, von der sonst nie die Rede ist; es geht darum, «wie die Götter im Olymp Zeus in Fesseln legen wollten» – was Anlaß zur geplanten Palastrevolution gab, wird nicht gesagt. Da handelte Thetis als selbsternannter Bote und holte aus der Tiefe des Meeres den gewaltigen Briareos-Aigaion herauf; der setzte sich Zeus zur Seite, protzend in seiner Kraft – und da kuschten die anderen Götter.[88] Die Übereinstimmung mit *Atrahasis* geht nicht sehr weit, Geschichten über Götterkonflikte gibt es auch sonst. Immerhin ist der Aufstand des Kollektivs gegen den Götterherrscher und die Hilfe aus der Meerstiefe nicht ganz banal. Und wenn Zusammenhänge zwischen den östlichen und den griechischen Epen einmal anerkannt sind, wird man orientalische Anregung auch in diesem Fall in Erwägung ziehen. Dabei wäre allerdings abermals ein zentrales Moment der *Atrahasis*-Erzählung abgewertet zu einem beiläufigen Motiv, das wie eine Improvisation im Augenblick zur Wirkung kommt, ohne vorher und nachher eine Rolle zu spielen. Es ist Göttererzählung im Mund einer Gottheit.

Es gibt auch Verbindungen vom *Atrahasis*-Text zu Prometheus.[89] Diese sind allerdings im einzelnen komplex und doch wenig spezifisch, zumal Geschichten vom ‹Trickster›, vom listigen Kulturstifter, ein eigenes verbreitetes Kapitel der Mythologie darstellen.

Zum Abschluß des Kapitels sei ein Rückblick in chronologischer Perspektive gestattet: Es ergaben sich so enge Beziehungen der orientalischen Epik zur homerischen Dichtung, daß diese in der Homerinterpretation nicht unbeachtet bleiben können. Insofern findet das Konzept einer durchgehend indogermanischen Dichtungstradition und auch einer rein mykenischen Vorgeschichte ‹Homers› seine Grenze. Dabei sind die Einflüsse am deutlichsten in den Szenen aus dem Götter-Pantheon. Gewiß kommen mehrere Dimensionen ins Spiel; allgemeine menschliche Grundsituationen sind so wenig zu übersehen wie spezifische sozialgeschichtliche Entwicklungen. Doch angesichts der Tatsache, daß es um Zivilisationen geht, die geographisch und chronologisch sowieso benachbart waren, ist es kaum mehr zulässig, auf unabhängigen, autonomen Entwicklungen zu bestehen.

Von Stil und von inhaltlichen Motiven war die Rede, von mythischen Konzepten und von Erzählfiguren. Innerhalb des ‹Homerischen› unter stilistischen Gesichtspunkten eine Chronologie schaffen und ‹junge› und sekundäre Elemente vom älteren Fundus trennen zu wollen, macht große Schwierigkeiten. Immerhin: Wenn wir die orientalisierenden Elemente im Kontext des ‹Trugs an Zeus› finden oder in der Einleitung der *Kypria*, so spricht nichts für eine weit zurückreichende Datierung. Für den Stil der Kampfschilderungen hingegen, die ‹Aristie›, werden wir mit Sicherheit bis in die Bronzezeit zurückgeführt, bietet doch der Streitwagenkampf Ramses II. das älteste Exempel. Man muß sich jedoch vergegenwärtigen, daß auch bronzezeitliches Erbe immer wieder durch neuere Anregungen wiederbelebt werden konnte. Einen Hinweis dafür findet man darin, daß für den ‹Löwen› neben dem alten griechischen Fremdwort *leon* bei Homer gelegentlich das Wort *lis* auftritt, das eindeutig semitisch-palästinischer Herkunft ist; es erscheint gerade in einigen Gleichnissen.[90] Dies dürfte in die orientalisierende Epoche des 8./7. Jahrhunderts weisen. Auch Götterdarstellungen erscheinen in der griechischen Vasenmalerei seit dem 7. Jahrhundert; orientalische Anregungen sind faßbar.

Die Errichtung der ersten griechischen ‹Bibliothek›, wie man eine schriftliche Ilias in 24 Lederrollen wohl zu nennen hätte, und das große Unternehmen einer umfassenden Bibliothek in Ninive durch Assurbanipal (668–627) könnten nahezu gleichzeitig sein.[91] Wiederum bloßer Zufall? Oder doch schon Reflex der von Gyges eröffneten ‹Königsstraße› und des sich seither intensivierenden Kulturaustausches? Daß der Osten bis in diese Epoche hinein die kulturelle Führung hatte, steht fest; der Fall des Assyrerreichs hat dann Neues freigesetzt.

Eine besondere Beobachtung drängt sich noch auf: Die beiden Passagen, die in der Ilias als die deutlichsten Reflexe akkadischer Literatur erscheinen – jene, die von Apsu und Tiamat alias Okeanos und Tethys in ihrer ‹Vermischung› sowie von den drei Göttern handeln, die die Welt durchs Los verteilen – erscheinen direkt am Beginn der jeweiligen Klassiker, *Enuma elish* und *Atrahasis*. Diese mythologischen Texte waren besonders bekannt und an verschiedenen Orten verbreitet, wurden sie doch sogar im Schulunterricht verwendet.[92] In der Situation des Elementarunterrichts, der auf erzählende Texte kaum verzichten kann, fällt der Anfang des Buchs ganz besonders ins Gewicht. *Arma virumque cano* wird im Abendland vielen Gymnasiasten im Ohr geblieben sein, auch wenn sie sonst wenig Beziehung zu Vergil bewahrt haben, und das gleiche gilt für den Anfangsvers der Odyssee für alle Griechisch Lernenden. Es sieht also fast so aus, als hätte ein bildungswilliger Grieche Anfangsunterricht in orientalischer Literatur genossen, und zwar vielleicht doch eher indirekt im aramäischen Bereich; man wäre dort über das bloße Einüben des Alphabets – im Elementarsten ist die Kontinuität der Schultradition ja am klarsten zu fassen – ein Weniges hinausgekommen. Doch schließen die verschiedenen möglichen Kanäle der Vermittlung – durch Ikonographie, durch Rituale, durch Neugier und Erzählfreude oder eben durch die Schule – einander in keiner Weise aus; sie mögen sich eher gegenseitig verstärkt haben. Wie dem auch sei, die homerische Dichtung ist, vielleicht erst in ihrer letzten Phase, ‹orientalisch› geprägt.[93] Es wäre paradox, wenn die klassische Philologie die nächsten Parallelen und Vorgänger der ältesten griechischen Literaturwerke weiterhin in stillem Einverständnis ignorieren würde.

III. Ostwestliche Weisheitsliteratur und Kosmogonie: Zur Vorgeschichte der Philosophie

In der zweiten Hälfte des 6. Jahrhunderts kam es zu einem eigenartigen Neuansatz in der Welt der griechischen Kultur, den wir von seinen späteren Ausprägungen her als den Anfang der Naturphilosophie, den Ansatz der vorsokratischen Philosophie bezeichnen. Damit verbunden sind Ansätze der eigentlichen Naturwissenschaft, insbesondere der Astronomie, aber auch die Grundlegung der spezifischen Art griechischer Mathematik, der beweisenden Geometrie. Es ist fast zu leicht und eben darum kaum befriedigend, dies kausal erklären zu wollen. Jedenfalls ist, was an Resten der Schriften jener Anfangsepoche überlebt hat, so fragmentarisch, daß sich kaum ermessen läßt, was damals eigentlich geschah.

Fest steht immerhin, daß sich diese Entwicklung im Schatten des aufsteigenden Perserreichs vollzog. Die Tradition um Thales ist verbunden mit einer Sonnenfinsternis – vermutlich 586 v. Chr. – inmitten der Machtkonflikte von Lydern, Iranern und Babyloniern, nach der Vernichtung des Assyrerreichs von Ninive. Anaximandros soll sein Werk just in dem Jahr geschrieben haben, in dem Kyros die Lyderhauptstadt Sardes eroberte und mit der Unterwerfung Lydiens das persische Reich begründete, also 547 v. Chr. Xenophanes verließ damals Ionien, «als der Meder kam» (B 22). Heraklit blieb in Ephesos und hielt Verbindung zum Heiligtum der Artemis, das offenbar die Perserherrschaft emphatisch begrüßte, indem es dem Oberpriester gar einen persischen Titel gab, *Megabyxos*.[1] Und die Bücher, die die sogenannten Vorsokratiker damals schrieben, entstehen nicht im leeren Raum: Sie haben indirekte Vorgänger in der längst bestehenden ‹östlichen› Literatur, in den sogenannten Weisheitstexten einerseits, in kosmogonischer Mythologie und Spekulation andererseits.

Die Vermutung oder Behauptung, Philosophie sei keine eigenständige Erfindung der Griechen, sondern Übernahme und Weiterführung von Vorgegebenem, ist sehr alt. Die These geht geradewegs zurück auf Aristoteles und seine Schüler, die die Frage nach einer *barbaros philosophia* gestellt haben; dabei ziehen sie – wie sollte es anders sein – die Ägypter, die babylonischen Chaldäer, die iranischen Magier samt Zoroastres-Zarathustra, zudem indische Gurus und auch die Juden in Betracht.[2] Noch der letzte Vorsteher der Akademie in Athen um 530 n.Chr., Damaskios, interpretiert in seinem Werk über die ersten Prinzipien auch die Kosmogonien der Babylonier und der Phöniker, wobei er ein Buch des Aristotelesschülers Eudemos heranzieht, das unter anderem eine genaue Paraphrase vom Anfang des babylonischen kosmogonischen Epos *Enuma elish* enthielt.[3] Die These der *barbaros philosophia* war damals längst von jüdischen und christlichen Schriftstellern in eigener Sache aufgegriffen worden. Sie stellten, was die Chronologie betraf, fest, daß Moses viele Jahrhunderte vor Platon gelebt habe,[4] und leiteten dann aus einigen angeblichen Ähnlichkeiten die These ab, Platon habe alles Wesentliche, zumindest alles theologisch Belangvolle, von Israel bezogen: Was ist denn Platon, wenn nicht ein Moses, der attisch spricht, *Mouses attikizon,* schrieb Numenios.[5] Die Himmelsrichtung spielte übrigens bei diesen Diskussionen keine Rolle, es geht nicht, noch nicht um einen Ost-West-Konflikt, sondern um die Frage der Priorität.

Die im 19. Jahrhundert aufblühende Philosophiegeschichte hat die Frage nach den Vorstufen oder Vorgängern der griechischen Philosophie wieder aufgegriffen, mit wechselndem Ergebnis. Maßgebend wurde – nach Hegel – Eduard Zeller in seinem an sich nicht genug zu rühmenden Werk *Die Philosophie der Griechen in ihrer geschichtlichen Entwicklung*. Er hat in der Einleitung, erstmals 1856, die Thesen anderer von chinesischen, indischen und sonstigen Vorgängern der Griechen in der Philosophie kritisch behandelt und gelangt zu einem entschieden negativen Ergebnis.[6] Position und Argumente Zellers sind immer wieder aufgegriffen und nachgesprochen worden. So blieb die beruhigende Vorstellung, daß der Ursprung der griechischen Philosophie in ihr selber liege.

Als Folge davon hat man den grundlegenden Wissenszuwachs kaum wahrgenommen, der sich nach Zellers entscheidendem Text von 1856 vollzog und im Zusammenhang mit der Wiederentdeckung der altorientalischen Originaltexte, erst der ägyptischen, wenig später der mesopotamischen, schließlich auch der hethitischen und ugaritischen stand. Zuvor hatte man an alten nichtgriechischen Texten nicht viel mehr als das Alte Testament gekannt, und man konnte philologisch zeigen, daß keine Kenntnis dieser hebräischen Texte bei den Griechen vor der hellenistischen Zeit nachweisbar ist. Die altorientalischen Texte zwingen jedoch, die Fragen neu zu stellen. Anfang der Literatur- und Geistesgeschichte sind nicht länger das Griechische oder das Hebräische, weder Homer noch Moses, sondern Pyramidensprüche und sumerische Mythen. Die Frage nach dem Kontext, in dem sich die griechische Philosophie vom 6. bis zum 4. Jahrhundert v. Chr. entfaltet hat, steht damit in ganz anderem Umfeld, als Zeller es sah. Aber es war damals nur der hoffnungslose Außenseiter Gladstone, der 1890 auf die Übereinstimmung des kosmogonischen Elternpaars im *Enuma elish* und bei Homer hinwies.[7] Erst 1941 hat dann Francis Macdonald Cornford in einem Vortrag den Vergleich von *Enuma elish* und Hesiod aufgegriffen und durchgeführt; veröffentlicht wurde dies 1950.[8] Inzwischen waren die hethitischen Texte aufgetaucht. Im Gefolge der Fortschritte bei der Erforschung der Hethiter hat man, nach 1950, dann auch die ugaritischen Texte wahrgenommen. Uvo Hölscher hat in seinem Aufsatz von 1953 zum Thema *Anaximander und der Anfang der Philosophie* die neuen Perspektiven richtungweisend behandelt.[9] Hans Schwabl folgte mit seinem großen RE-Artikel über *Weltschöpfung*; reich an einschlägigen Informationen und Reflexionen sind die Hesiod-Kommentare von Martin West; auch das nüchterne und reichhaltige Hesiodbuch von Walcot behauptet seine Stellung.[10]

Teilweise traf sich die veränderte Problematik mit einer Öffnung des Philosophie-Konzepts: Indem die traditionelle Form einer rationalen Ontologie, die von Aristoteles und der Scholastik herkam, seit dem 19. Jahrhundert mehr und mehr versank, die Philosophie des Aristoteles oder gar auch Platons als philosophische Irrwege erschienen, richtete sich neues Interesse auf jene Chancen und Ansätze, die zeitlich vor diesen Autoritäten lagen und durch die Großen verdeckt, ja abgeblockt erschienen. Man fragte nach Parmenides zumal – von Reinhardt über Heidegger bis Gadamer –,[11] und man ließ sich von Heraklit faszinieren. Ein intensives Interesse für den Mythos konnte damit einhergehen; nicht wenige waren geneigt, hier ein Kontinuum oder jedenfalls Möglichkeiten origineller Synthese zu finden. Bezeichnend für diese Tendenz ist der Titel des Buchs von Olof Gigon aus dem Jahre 1945: *Der Ursprung der Griechischen Philosophie von Hesiod bis Parmenides.*[12] Den ‹Ursprung› also sah er bei Hesiod, dem Verfasser der *Theogonie,* die wir um 700 v. Chr. zu datieren pflegen. Gerade um 1945 und gerade bei Hesiod hat sich jedoch die orientalische Perspektive machtvoll durchgesetzt, und zwar dank dem damals veröffentlichten Kumarbi-Text vom *Königtum im Himmel.*[13] Gigon hat dies gar nicht geschätzt, doch läßt sich solch eine Entwicklung nicht rückgängig machen.

Nachdem es in den 70er Jahren wieder stiller um die orientalischen Perspektiven geworden war, sind sie in letzter Zeit erneut virulent geworden. Die Frage ist gestellt: Gibt es eine geistige Sonderstellung der klassisch griechischen Kultur, hat sie einen entscheidenden Fortschritt gebracht? Philosophie und Naturwissenschaft bieten sich als Kerne einer positiv ausfallenden Antwort an. Eine solche bedarf aber der Bestätigung unter voller Berücksichtigung des orientalischen Hintergrunds der griechischen Philosophie.

Auszugehen ist von zwei unbestreitbaren Tatsachen. Zum einen steht Philosophie bis heute in einem ungebrochenen Wirkungszusammenhang mit den griechischen Grundschriften, die seit nunmehr fast 2400 Jahren studiert werden; zum anderen sind die ältesten Hoch-und Schriftkulturen nicht in Europa entstanden, sondern in dem ‹fertile crescent› zwischen Irak, Syrien, Palästina und Ägypten, mit dem auch Iran einerseits und Anatolien andererseits verbunden waren.

Die Kontinuität der Philosophie liegt offen zutage. Sie setzt ein mit den Werken von Platon und Aristoteles. Diese sind zusammen mit anderen, späteren Werken immer studiert worden, sie sind durch Übersetzung erst zu den Römern, dann zu den Persern und Arabern, schließlich vom Arabischen und vom Griechischen her ins lateinische Mittelalter gelangt. Sie stehen in diversen Sprachen und Ausgaben bis heute in unseren Bibliotheken. Der Philosoph Whitehead, der zusammen mit Bertrand Russell die *Principia Mathematica* veröffentlicht hat, schrieb einmal, Philosophie sei doch nichts anderes als «some comments on Plato».[14] Platon seinerseits bildete allerdings keinen Anfang; er las und kritisierte Heraklit, Parmenides, Anaxagoras, Empedokles, Protagoras und andere – die sogenannten Vorsokratiker; Aristoteles, sein Schüler, hat Platons Werke und alles andere gelesen, kommentiert und kritisiert, insbesondere auch Leukipp und Demokrit, die Atomisten. Seither steht die Philosophie in einem kritischen Dialog mit den Grundtexten. Niemand hat seither mehr Philosophie erfinden können, weil sie immer schon da war. Selbst wenn Philosophie sich ihres Wesens selbst gar nicht sicher ist, sich selbst befragt und in Frage stellt, so steht sie gerade darin unbestreitbar auf griechischem Fundament.

Denn dies ist die andere Seite: Es gibt keine entsprechende Buchtradition oder Übersetzungstradition über Parmenides, Heraklit, Anaximandros und weiter in die Vergangenheit. Mit anderen Worten: Es gibt, soweit wir sehen, überhaupt keine Übersetzungsliteratur vor der hellenistischen Zeit. Wir haben nach wie vor kein orientalisches Buch, das ein Grieche im 8. Jahrhundert nachweislich gesehen oder gar gelesen hätte, kein älteres griechisches Buch, das als Übersetzung aus einer orientalischen Sprache gelten könnte – während die lateinische Literatur mit Übersetzungen aus dem Griechischen beginnt. Zwar stammen Schrift, Schreibtafel und Buchrolle eindeutig von phönikisch-aramäischen Vorbildern und sind offenbar im 8. Jahrhundert aus Syrien übernommen worden;[15] die ersten griechischen Bücher aber waren, soweit wir sehen, Poesie und damit zuallererst der eigenen Sprache verpflichtet. Dies gilt für Hesiod, Homer,[16] vielleicht auch für Orakelbücher. Erst im Rahmen einer fortgeschrittenen, selbstbewußt gewordenen und weithin bereits als vorbildlich akzeptierten griechischen Kultur tauchen dann, in der zweiten Hälfte des 6. Jahrhunderts, jene Prosabücher auf, die wir als Anfang der Philosophie nehmen, darunter Anaximandros und Heraklit.

Und doch, es gibt eine sehr viel ältere, hochentwickelte Literatur im Alten Orient; von ihr aus wird deutlich, daß die griechischen Schriften, die wir der Philosophie zuordnen, in doppelter Weise ältere Traditionen weiterführen; dies sind zum einen der kosmogonische Mythos, zum anderen die Weisheitsliteratur. Beides ist, nicht ganz zufällig, in den beiden Werken Hesiods repräsentiert – *Theogonie* und *Werke und Tage*. Sie stammen gerade aus der Zeit, als die Griechen Schrift und Buch übernahmen. Hinzu kommt ein wachsender Bestand an konkretem Wissen geographischer, astronomischer und mathematischer Art, der im archaischen Griechenland zusammengetragen wird und in vielem mit der babylonischen Wissenschaft verbunden ist.

Vorderhand ist freilich die Frage nach der Form bzw. dem Medium des Philosophierens und seiner Verbreitung zu bedenken; man kann auch sagen, die Frage nach dem Sitz im Leben, nach dem sozialen Ort der Philosophen und des Philosophierens. In diesen Kontext gehört auch das Verhältnis von Mündlichkeit und Schriftlichkeit. Seit 2400 Jahren ist Philosophie gebunden an das philosophische Buch, und so skeptisch Platon selbst dem Buch gegenüberstand, so war er doch auch selbst der erste ganz große, ganz erfolgreiche Prosaschriftsteller der Griechen. Lebendig war das philosophische Buch stets in einem Kreis der Lesenden und Diskutierenden, in den ‹Philosophenschulen›. Auch hier hat Platon mit dem von ihm institutionalisierten Freundeskreis, seiner ‹Akademie›, das Muster geschaffen; ähnliche Schulen haben in wechselnder Form und mit wechselndem Erfolg bis zum Ende der Antike bestanden und sind in anderer Form dann in den Universitäten und Akademien Europas wieder begründet worden.

Für die Zeit vor Platon sehen wir sehr viel weniger klar. Das Werk des Anaximandros, hören wir, sei das erste griechische Prosabuch gewesen.[17] Welches war sein Kontext, für wen war es geschrieben, wer hat es gelesen? Es heißt, Heraklit habe sein Buch in den Tempel der Artemis von Ephesos geweiht – was bedeutet dies? Sollte es jemand dort lesen, oder sollte es unberührt bewahrt bleiben?[18] Als

Literaturgattung erscheinen im 6. Jahrhundert astronomisch-geographische Handbücher mit ganz praktischen Funktionen; dazu gehört eine *Astronomie für Seeleute, Nautike Astrologia,* die man dem Thales zuschrieb,[19] ebenso wie die Küstenbeschreibung des Skylax von Karyanda[20] und die Geographie samt Erdkarte des Hekataios, im Gefolge von Anaximandros;[21] daneben steht das genealogische Handbuch, repräsentiert wiederum durch Hekataios, dazu durch Akusilaos von Argos und Pherekydes von Athen.[22] Beide Formen – das astronomisch-geographische und das genealogische Buch – nehmen modernisierend auf, was eben Hesiod vorgegeben hatte bzw. was unter seinem Namen vorlag; auch eine *Astrologia* gehörte dazu. Noch im Prosabuch des Akusilaos, um 500 v. Chr., geht der Genealogie eine Theogonie voraus. Dies folgt dem Werk Hesiods, das der *Theogonie* die *Kataloge* folgen ließ. Aber im Zeithorizont des Akusilaos, um 500, ist auch ein anderes Buch nicht zu übersehen, das eben diesen Aufbau und Inhalt hat: das Buch *Genesis, bereshit,* von der Weltschöpfung bis zu den Stämmen Israels; seine Endredaktion fällt möglicherweise gerade in diese Zeit um 500 v. Chr.

Soweit zu den Büchern. Schultradition neben der Buchtradition ist vor Platon nur schwer auszumachen, auch wenn die spätere Doxographie ein System der Abfolgen der Philosophen, *diadochai,* konstruiert hat. Es gibt problematische Hinweise auf die Sekte der Pythagoreer[23] und auf die persönlichen Beziehungen zwischen Parmenides und Zenon; Parmenides habe Zenon adoptiert, heißt es.[24] Überall und seit je gibt es in der Tat die Übermittlung von Wissen im Familienverband, auch von Geheimwissen. Wir finden dies ebensowohl bei Handwerkern wie bei Sehern und Magiern, auch bei Priestern und bei Ärzten, auch bei Dichtern, und zwar gleichsam international. «Der Wissende soll den Wissenden unterrichten», heißt der Grundsatz auf Keilschrifttafeln.[25] Dort werden auch für die Krankenheilung nicht selten Mythen herangezogen, kosmogonische Mythen zumal;[26] auch Mythenwissen wird also auf diese Weise weitergegeben. Die ‹Familien› können künstlich erweitert sein, durch Adoption. So sind die Ärzte von Kos allesamt Asklepiaden. Herakliteer erscheinen im 5. Jahrhundert, doch wissen wir nicht, ob sie nur sozusagen beiläufig Heraklit imitierten oder in irgendeiner Form von Organisation verbunden waren.

Im Orient gab es andere Institutionen mit der Funktion, die Überlieferung des Wissens zu sichern. So gab es die Priestergemeinschaften der Heiligtümer, die als wirtschaftlich selbständige Einheiten bestanden und so ihren Mann samt Familie nähren konnten, daneben und meist in Verbindung damit die Schreiberschulen im ‹Haus der Tafeln› (É.DUB, *bit tuppi)*. Da die komplizierten alten Schriftsysteme – die im ganzen 1. Jahrtausend noch voll in Gebrauch waren – eine mehrjährige Ausbildung nötig machen, spielt diese Art der Schule auch für das Selbstbewußtsein der ‹Wissenden› eine nicht zu unterschätzende Rolle. Ein Weiser ist ein ‹Herr der Schreibtafeln›. Jan Assmann hat gezeigt, wie die Überzeugung von der Unsterblichkeit durch Literatur in Ägypten gerade bei den Schreibern sich ausbildet.[27] Die Schreibschule indessen braucht Schultexte; und was steht schon in einer Schulfibel? Sprüche und einfache Erzählungen: Da haben wir die Weisheitsliteratur und die mythischen Texte. Dies freilich ist nur einer ihrer sozialen Orte. Daß etwa die Mythen in besonderer Weise von den Priestern im Dienst des jeweiligen Gottes benutzt und in Gebeten und Hymnen großartig ausgestaltet werden, ist fast selbstverständlich. So hat *Enuma elish* als feierlich vorgetragene Kosmogonie ihren Ort im Verlauf des Neujahrsfestes von Babylon; es existieren Varianten für andere Städte. Weisheit ihrerseits bietet sich gern den Königen an und beruft sich auf sie, und das nicht nur im Falle Salomon.

Die Situation der Griechen ist demgegenüber in dreifacher Weise negativ zu charakterisieren: Bei ihnen gibt es nicht die Tempelkomplexe als selbständige wirtschaftliche Einheiten, die ihren Klerus nähren, es gibt ferner nicht die prestigiöse Schreiberschule, und auch die Könige schließlich sind bald abgeschafft. Die Alphabetschrift ist so leicht zu lernen, daß sich aus der Elementarschule kein Stand der Schreiber entwickelt. Erst die Erfindung der höheren Bildung durch die Sophisten hat dann wieder einen Stand von ‹Akademikern› geschaffen. So hat sich offenbar gerade im Kulturkontakt ein entscheidender Fortschritt vollzogen: Daß das überlieferte Kulturgut sich zunächst ablösen konnte von seinem ursprünglichen sozialen Ort mit seinen Hierarchien und Interessen, von Schreiberschule, Tempel und Königtum, hat es beweglich und zum Gestaltungsmaterial für Individuen gemacht. Dies war eine besondere Chance, welche die Eigentümlichkeit der griechischen Entwicklung prägt. Die Westsemiten, von Tarsos über Tyros bis Jerusalem, hatten dank ihrer so ähnlichen Schrift die gleiche Chance, doch sind sie durch äußere Einwirkung, durch die Eroberung und Plünderung von Assyrern und Babyloniern aufs furchtbarste beeinträchtigt worden; die Griechen aber waren davon nur am Rande berührt. Israel konnte sich wenigstens geistig behaupten, jedoch nur, indem es die ‹Schrift› zur Super-Autorität statt zum Mittel geistiger Freiheit machte, und blieb eben darum in seiner Besonderheit gefangen.

Etwas genauer sei nun zunächst die sogenannte Weisheitsliteratur ins Auge gefaßt. Sie entfaltet sich reich im Ägyptischen, aber auch im Sumerischen, Akkadischen, Hurritischen[28] und Hethitischen und, *last but not least*, in der Bibel; dort stehen vor allem die sogenannten Sprüche Salomos – eigentlich eine Sammlung von Sammlungen. Im Griechischen entspricht dem bis zu einem gewissen Grad das Werk des Hesiod, aber auch die weithin noch mündliche Tradition von den Sieben Weisen, die in einen Zeithorizont des 6. Jahrhunderts v. Chr. führt. Verschriftlicht wird die Spruch-Literatur danach etwa in den Aphorismen des Hippokrates – ‹kurz ist das Leben, lang ist die Kunst› –, auch in Werken Demokrits, aber auch bei anderen Sophisten und Rhetoren, bei hellenistischen Philosophen und – mit ganz neuer Originalität und Triftigkeit – später auch in den *Logia* des Jesus von Nazareth.[29]

In den Lehren der Weisheit werden Aussagen mannigfacher Art in allgemeine Regeln verwandelt, und zwar in Form von Imperativen oder Feststellungen oder sogar von Kurzgeschichten. Eng verwandt damit ist die Form der Fabel, der Tier- und Pflanzenerzählung.[30] Es gibt auch weitentwickelte literarische Formung, so zum Beispiel Dialoge wie das ägyptische *Gespräch des Lebensmüden mit seiner Seele* oder die sogenannte *Babylonische Theodizee*; Teile des Buchs *Hiob* gehören in diese Gruppe. Nicht selten wird eine bestimmte Situation entworfen, in der die Weisheit mitgeteilt und damit in Gänsefüßchen gesetzt und sozusagen mit einem mahnend erhobenen Zeigefinger vorgestellt wird. Dies gilt etwa im Ägyptischen für die *Unterweisung Königs Amenemhet I für seinen Sohn Sesostris*[31] oder, im Sumerischen, für die *Unterweisung des Shuruppak an seinen Sohn Ziusudra* – Ziusudra sollte die Sintflut überleben –; im Alten Testament stehen neben den *Sprüchen Salomos, des Sohnes Davids, des Königs von Israel* auch *Die Worte an Lemuel, den König von Massa, den seine Mutter lehrte* (Prov. 31). Dem entsprechen Hesiods *Mahnlieder an seinen Bruder Perses,* wie man die *Werke und Tage* überschrieben hat, oder *Chirons Ratschläge an Achilleus, Cheironos Hypothekai.*[32] Spannender ist die ursprünglich aramäische, dann auch den Griechen bekannte Rahmenerzählung vom weisen Achiqar, der durch seinen Neffen beim König verleumdet und ins Gefängnis gebracht wird, dann aber, rehabilitiert, Gelegenheit erhält, seine Weisheit dem bösen *neveu* mit Stockschlägen einzubleuen: jeder Ratschlag ein Schlag.[33]

Kaum je findet sich in solchen Sammlungen der Versuch, eine inhaltliche Ordnung zu schaffen, oder zu Ansätzen einer Systematik. Es bedarf meist rechter interpretatorischer Anstrengung, wenigstens einen der Assoziation folgenden Faden darin zu finden. Begründungen gehen allenfalls eine Stufe weit. So entsteht freilich keine philosophische Ethik. Immerhin sind einige der Werke literarisch ausgesprochen anspruchsvoll, weisen formale Raffinessen bis hin zum Akrostichon auf,[34] zeigen gesuchte Antithesen und kühne Metaphern bis hin zum Rätsel. «Ein wackeres Weib ist die Krone ihres Gemahls, aber wie Wurmfraß in seinen Gebeinen ist eine schandbare», heißt es in den Sprüchen Salomos (Prov. 12,4); etwas schlichter lautet das bei Hesiod: «Nichts Besseres als eine Frau hat je ein Mann erbeutet, als eine gute – gegenüber einer schlechten hingegen gibt es nichts Schauerlicheres» (Erga 702 f.).

Man kann in der Spruchweisheit immerhin intellektuelle Leistungen nicht ganz trivialer Art feststellen. Da ist einmal das Arbeiten an der Sprache, aus der Sprache heraus, mit der Einübung eines Denkens in Analogien und Antithesen. Dahinter steht die gar nicht so selbstverständliche Hypothese, daß es einem Menschen hilft, über sprachlich geformtes Wissen zu verfügen, und daß es sich lohnt, solches Wissen vom Weisen zu lernen oder gar dem Weisen zu entreißen – geradezu ein *Logos*-Optimismus, möchte man vom Griechischen her sagen. Damit verbunden ist ein Postulat der Verallgemeinerung: Die Regel des Weisen gilt immer und überall, über die aktuelle Situation hinaus – obwohl der Weisheitsspruch auch lauten kann: «Erkenne die Gelegenheit» (*kairos*).

Der *Logos*-Optimismus hat freilich seine Grenzen und seine Widerhaken; das Denken in Antithesen kann sich in sich selbst verstricken. Wir wundern uns, wie ungescheut der Eigennutz angesprochen wird – so etwa bei der Warnung, Bürgschaften zu übernehmen, die bei Salomon ebenso wie bei den Sieben Weisen steht.[35] Nicht selten droht die Weisheit in Zynismus umzuschlagen. «Die meisten sind schlecht», auch das ist ein Spruch der Sieben Weisen.[36] Zudem bestätigt die Erfahrung bekanntlich nicht immer, daß «Weisheit mehr einbringt als Gold», wie Salomo meint (Prov. 3,14 vgl. 8,18); und nützt Frömmigkeit wirklich? Größte Mühe in dieser Frage verrät der Hiob-Text. In einem akkadischen Text, den man die *Babylonische Theodizee* genannt hat, formuliert der eine der beiden Sprecher: «Es gehen den Weg der Wohlfahrt diejenigen, die den Gott nicht suchen; arm und besitzlos werden, die zur Göttin beten.»[37]

Trotzdem, die Weisheit bleibt zumeist moralisch. Es überrascht nicht, daß der *Logos*-Optimismus auch eine sozusagen logomorphe Moral nach sich zieht, die das Rationale gegenüber dem Emotionalen anspricht, also Vernünftigkeit, Mäßigkeit, Selbstbescheidung empfiehlt und zusammen mit Gerechtigkeit und Frömmigkeit als Heilmittel gegen Zorn, Unmäßigkeit, Trunksucht und besonders gegen sexuelle Leidenschaft einsetzt. Auch skrupelloser Bereicherung wird widerraten. «Habsucht ist eine schwere, unheilbare Krankheit», heißt es im Ägyptischen, ferner «besser ein Brot mit glücklichem Herzen als Reichtum mit Bedrängnis».[38] «Nichts im Übermaß», «das Maß ist das beste», tönt es bei den Sieben Weisen.[39] Es wird der nicht an der Oberfläche liegende Nutzen angemahnt, das Dauerhafte gegenüber dem Augenblicklichen. Großen

Eindruck hat den Griechen der Satz des Odysseus gemacht, den er als Warnung an die Adresse des Freiers Amphinomos richtet: «Denn immer nur so ist der Sinn der Erdenmenschen, wie den Tag heraufführt der Vater der Menschen und Götter», begrenzt also und wechselnd. «Wie Tag und Nacht ändert sich der Leute Sinn», steht in einem akkadischen Text: «Haben sie Hunger, sind sie wie Leichen – haben sie gegessen, stellen sie sich den Göttern gleich.»[40] Ein Fabel-Sprichwort im Sinne von ‹Eile mit Weile› findet sich beim Dichter Archilochos im 7. Jahrhundert v. Chr.: «Weil die Hündin es so eilig hat, bringt sie blinde Junge zu Welt.» Das gleiche Exempel findet sich auch in einem Text aus Mari am Euphrat, 1000 Jahre vor Archilochos.[41]

Das Ethos des Maßes findet Eingang auch in die kosmologischen Entwürfe; die beiden Bahnen, denen wir folgen, nämlich Weisheit und Kosmologie, können sich hier treffen. «Jahwe hat durch Weisheit die Erde gegründet, durch Einsicht den Himmel festgestellt» (Prov. 3,19); die Weisheit selbst spricht: «Als er den Himmel herstellte, war ich dabei, als er den Horizont auf dem Ozean festsetzte … als er dem Meer seine Schranke setzte …» (Prov. 8,27–30). Für die Ägypter steht Maat, die Ordnung, an der Seite des Sonnengottes;[42] für die Babylonier steht Misharu, die gerechte Ordnung, an gleicher Stelle. «Helios wird seine Maße nicht überschreiten», meint Heraklit, «sonst werden die Erinyen ihn zu finden wissen.»[43] Anaximandros formuliert, daß die Dinge überhaupt, *ta onta*, «einander Strafe und Buße zahlen für die Ungerechtigkeit nach der Ordnung der Zeit».[44] Er denkt dabei wohl zunächst an den Tages- und Jahreslauf mit den wechselnden Längen von Tag und Nacht, die sich so genau ausgleichen: Dies ist das Paradigma kosmischer Ordnung – gleichgültig, ob Maat, Misharu oder aber die Erinyen im Spiele sind. Gerechtigkeit hält die Wechsel-Schlüssel der Bahnen von Tag und Nacht, heißt es bei Parmenides.[45] Wuchtig formuliert Heraklit: «Dieser Kosmos – er war, ist, wird sein: Feuer, ewiglebend, sich entzündend nach Maßen und erlöschend nach Maßen.»[46] Hier freilich haben die Maße eine neue Dimension gewonnen, hier hat, um mit Konrad Lorenz zu sprechen, eine ‹Fulguration› stattgefunden: Das Wesen der Welt erscheint nicht als anthropogene Gerechtigkeit, sondern als meßbare Ordnung von Energie. Das Wort ‹Kosmos› hat offenbar Heraklit selbst in diesem Kontext entscheidend geprägt.

Dabei kann man die Eigenart Heraklits doch wieder auf dem Hintergrund der Spruch-Tradition besser verstehen. Sein Werk muß sich wie eine Spruch-Sammlung gegeben haben. Der Anfang der Sprüche Salomos lautet, etwas verkürzt: «(Dies sind) Sprüche Salomos des Sohnes Davids ... auf daß sie den Unerfahrenen Gescheitheit geben ... und auch ein Weiser möge sie hören, um sein Wissen zu mehren ... damit sie Spruch und Bildrede verstehen.»[47] Demgegenüber lautet der Anfang Heraklits: «(Dies ist) der Logos Heraklits, des Sohnes Blosons: Diesen Logos, der immer ist, verstehen die Menschen nicht, weder ehe sie ihn vernommen noch sobald sie ihn vernommen; denn wo doch alles entsprechend diesem Logos geschieht, stehen sie da wie Unerfahrene ...»[48] Das erscheint doch nachgerade wie eine höhnische Kontrafaktur zur normalen Verheißung der Weisheit, jener schlichten Weisheit, die sich erbietet, dem Unwissenden aufzuhelfen und auch den Wissenden noch zu erhöhen. Von solch landläufiger Allerwelts-Weisheit aber setzt der eigenwillige Weise sich ab: ‹Die Menschen› schlechthin verstehen dies nicht, und doch gilt der *Logos* Heraklits, selbst wenn ihn keiner versteht; denn «alles geschieht nach ihm»; doch die Leute stehen taub und blind vor dem, was ihnen auf den Nägeln brennt. Das ist mehr als die These, die Weisheit sei dabeigewesen, als dem Meer seine Grenze gesetzt wurde. Und doch steht, wer solches formulierte, gleichsam auf den Schultern der Weisheits-*Koiné*.

Das Thema der Kosmogonie wurde längst schon angesprochen. Auch hier sind die Kontinuitäten und Vorprägungen deutlich, aber auch die unvorhersehbaren Weiterentwicklungen, die ‹Fulgurationen›.

Erzählungen vom Anfang der Welt liegen uns in vielen Varianten vor. Als Mustertext gilt seit langem, und mit Recht, das babylonische Neujahrsepos *Enuma elish* – ein Text von der Erschaffung der Welt, der beim babylonischen Neujahrsfest rezitiert wurde.[49] Im Ägyptischen gibt es nicht den einen großen Text, sondern mehrere Bündel von Texten und Anspielungen, aus denen sich jeweils die theologische Position eines bestimmten Heiligtums gewinnen läßt, also die Kosmogonie von Heliopolis, von Memphis, von Hermupolis.[50] Besonders dem Hesiod verwandt erscheint, wie schon erwähnt, der hethitische Text vom *Königtum im Himmel*, der Kumarbi-Text.[51] Schließlich ist der biblische Schöpfungsbericht, der uns in einer Doppelfassung vorliegt, nicht zu vergessen.[52]

Daß den Mythen vom Anfang der Welt eine bemerkenswerte spekulative Energie eignet, hat man immer gesehen. Zwar ist die Erzählform als solche naiv, das, was Anthropologen spöttisch eine ‹just-so-story› genannt haben:[53] Am Anfang war dies … und dann … Erst war die Welt nicht da, dann entstanden Himmel und Erde, und die Götter, und die Menschen, ihr Verhältnis wurde geregelt, *just so*. So haben auch die Griechen erzählt, und zwar nicht minder naiv: «Beieinander waren die Dinge alle», begann Anaxagoras, «… und indem sie alle beieinander waren, war nichts deutlich … denn alles hielt Nebel und Lichtdunst darnieder …»[54] Das ist doch ganz ähnlich wie «Und die Erde war wüst und leer, und Finsternis brütend über der Tiefe» (Gen. 1,2). Eine erste spekulative Leistung freilich kann man schon im Begriff des Anfangs erkennen, und zwar des einen Anfangs, aus dem ‹alles› in seiner Vielfalt entsteht. Ein Wort ‹Welt› ist in der Alltagssprache nicht notwendig enthalten; so tritt, im Orientalischen wie im Griechischen, zunächst eine Aufzählung an seine Stelle, am einfachsten das Grundpaar: ‹Himmel und Erde›, die doch im Anfang zusammen waren. «Am Anfang schuf Gott Himmel und Erde.»

Denkerische Leistungen sind besonders Umkehr und Antithese. Wenn man vom Anfang der Welt erzählen will, muß man sich diese Welt, also Menschen und Tiere, Häuser und Bäume, Berge und Meere, Himmel und Erde erst einmal ganz wegdenken. So kommt ein Gegenentwurf durch Subtraktion als der typische Anfang des kosmogonischen Mythos zustande, das große ‹Noch Nicht›. *Enuma elish* beginnt: «Als droben nicht genannt war der Himmel, drunten für *ammatum* ihr Name nicht ausgesprochen war … Wohnungen nicht geflochten waren, Röhricht nicht gesucht war, als die Götter nicht ins Dasein getreten waren, keiner, Namen nicht genannt, Schicksalsbestimmungen nicht bestimmt waren ...»[55] In einem ägyptischen Pyramidentext heißt es: «Als der Himmel noch nicht errichtet war, die Erde noch nicht entstanden war, als noch nichts errichtet worden war»[56] – ja, was war da? «Dunkel brütend über der Tiefe», heißt es in der Bibel;[57] ein Gähnen, sagt Hesiod, *chaos*.[58] Nacht, sagt Orpheus in der *Theogonie*.[59] Das Unbegrenzte, so hieß es offenbar bei Anaximandros. «Zusammen waren die Dinge alle – Aither und Aer», schrieb Anaxagoras.[60] Die am häufigsten gegebene Antwort aber lautet: Am Anfang war Wasser. Man findet eine Wasser-Kosmogonie auch in Mittelamerika.[61] Vom Wasser als Anfang sprach, wie es heißt, Thales,[62] aber lange vor ihm auch in verschiedenen Varianten die Ägypter;[63] und auch *Enuma elish* setzt an den Anfang die Wassergottheiten, Grundwasser und Meer, Apsu und Tiamat, «Erzeuger» und «Gebärerin von ihnen allen». Dies kehrt in der Ilias wieder, Okeanos und die Mutter Tethys als «Ursprung der Götter» oder gar «der Ursprung für alle».[64]

Dem ‹Zusammen› folgt eine Trennung, aus Einheit wird Differenzierung: So muß notwendigerweise die Erzählung weitergehen. Am großartigsten ist dabei die Idee, daß der Himmel sich erst in einer zweiten kosmogonischen Phase von der Erde abgehoben hat, daß die Welt qua Himmel und Erde durch Spaltung zustande kam. Auch diese Idee ist keine Besonderheit der Alten Welt, sie findet sich auch in afrikanischen, polynesischen und japanischen Mythen.[65] Bei den Hethitern, bei Hesiod und Orpheus steht hier der Mythos von der Kastration des Himmelsgottes als Trennung des Ureltern-Paares.[66] Bei den Ägyptern geht es friedlicher, natürlicher zu, wenn der Gott Luft, Schu, die Himmelsgöttin von der in dieser Kultur und Sprache maskulinen Erde, also *Nut* von *Geb* abhebt.[67] Laut Anaximandros wuchs eine Feuerkugel um das Zentrum, das offenbar aus etwas wie Schlamm besteht; die Kugel riß dann ab und formte sich zu Rädern, die um die Erde kreisend die Gestirne repräsentieren.[68] Auch hier also hat sich der Himmel sekundär von der Erde getrennt.

Des weiteren gibt es zwei narrative Optionen, zwei Grundmodelle für den Entwicklungsprozeß: das biomorphe Modell, mit sexueller Paarbildung, Zeugung und Geburt, und das technomorphe

Modell, die Herstellung durch einen überlegenen Handwerksmeister. Das biomorphe Modell führt zur Bildung älterer und jüngerer Götter-Generationen, mit der Möglichkeit für einen Götterkampf, einen Sukzessionsmythos, wie ihn *Enuma elish,* die hethitische Version und auch Hesiod darstellen.[69] Man möchte gerne das biomorphe Modell griechisch, das andere biblisch nennen: Hesiod hat voll und ganz für das biomorphe Modell optiert, für Sich-Paaren und Gebären, die biblische *Genesis* ebenso einseitig für die Schöpfung: «Und Gott machte ...», er schnitzt Eva aus einer Rippe, er ‹macht› dem nackten Paar die Gewänder.[70] Die Situation ist aber komplizierter. Es gibt die Sublimierung der Schöpfertat, indem der Gott nur noch Befehle gibt, «und es geschah also» – so ist es im Buch *Genesis* zu lesen, so handelt der ägyptische Ptah, und so geschieht es in der Probe auch bei Marduk;[71] noch sublimer mutet es an, wenn der Gott nur noch durch sein Denken schafft und lenkt – so bei Xenophanes, Orpheus, Parmenides, doch auch schon bei den Ägyptern.[72] Vor allem aber gibt es Kombinationen der verschiedenen Modelle, wie im *Enuma elish* und auch in der Theogonie des Orpheus, wie sie der Papyrus von Derveni bietet.[73] In diesen Texten folgen zunächst Göttergenerationen aufeinander, doch dann tritt ein Gott ins Zentrum, der die Weltschöpfung planend vollzieht. Die planende Schöpfung ist rationaler, der Bericht kann die Details dessen, was zustande kommt, in Ruhe als Objekte beschreiben – er kann aber nicht bei Nichts anfangen, weil sie den Schöpfer voraussetzt. So lesen wir im *Enuma elish,* nachdem Marduk das Ungeheuer ‹Meer›, Tiamat, erschlagen hat: «Der Herr ruhte, er besah sich den Leichnam. Er teilte die Monster-Gestalt und schuf Wunderwerke: Er spaltete sie in zwei Hälften, wie einen Fisch zum Dörren; die Hälfte stellte er auf, das Himmelsdach zu bilden ...» – auch hier also Trennung von Himmel und Erde – «Für die Sterne setzte er die Konstellationen fest ... Er ließ den Mond erscheinen, vertraute ihm die Nacht an ... Du scheinst mit Hörnern 6 Tage, am 7. Tag ist deine Krone halb; der 15. Tag soll die Mitte sein, die Hälfte des Monats ... am dreißigsten Tag ist Gleichheit wiederhergestellt ...»[74] Dies alles ist wenig erregend, doch sehr präzise. Kursorischer ist das Alte Testament: Elohim schafft «Leuchten an der

Feste des Himmels, um zu scheiden Tag und Nacht ... die größere Leuchte, den Tag zu beherrschen, und die kleinere Leuchte, die Nacht zu beherrschen, dazu die Sterne».[75] Am wenigsten genau ist hier Hesiod: «Theia gebar den großen Helios (Sonne) und die glänzende Selene (Mond), dazu Eos (Morgenröte), die allen auf der Erde scheint, von Hyperion in Liebe bezwungen. Eos aber gebar dem Astraios (einem Vetter) den Morgenstern und die glänzenden Sterne.»[76] Man kann nicht sagen, daß hier der Grieche Hesiod rationaler sei als die Orientalen; er gibt den Begriffen des ‹Göttlichen› und des ‹Darüber Wandelnden› mythische Namen, *Theia* und *Hyperion*, setzt aber den Gestirnen in unsystematischer Weise die Morgenröte zur Seite, er macht tautologisch Astraios zum Vater der Gestirne (*astra*) und sondert den Morgenstern ab, weil er in besonderer Weise in der Morgenröte ‹geboren› wird.

Das Schöpfer-Modell wird explizit von Heraklit verworfen: «Diesen Kosmos hat weder ein Gott noch ein Mensch gemacht» (B 30); bei ihm scheint das biomorphe Modell sich zu verfeinern in Richtung auf ein phytomorphes Modell, das Modell eines pflanzlichen Wachstums, das sich scheinbar von selbst nach zielgerichtetem Plan vollzieht. Das griechische Wort hierfür ist *physis*, später lateinisch mit *natura* übersetzt. Es gilt als das eigentliche Schlagwort der griechischen Naturphilosophie, hat allerdings doch wohl erst zwei Generationen nach Heraklit diese Stellung eingenommen. Heraklits so oft zitiertes Wort, daß «die Natur sich zu verbergen liebt», zielt allerdings wohl auf eine begrenzte, doch grundlegende Beobachtung: Wenn man die Erde aufgräbt, um das ‹Wachstum› der Pflanze zu sehen, zerstört man die lebende Pflanze.[77] So verwirft Heraklit die Handwerkskunst großen Stils. Doch kommt kaum einer von seinen Nachfolgern ohne das Schöpfer-Modell aus: Parmenides führt eine Göttin, einen weiblichen *Daimon* ein, die ‹alles lenkt› und schafft; sie ‹ersinnt› als erstes den Eros.[78] Anaxagoras weist dem Geist, dem *Nous*, eine ähnliche lenkende, vor allem trennende und damit bestimmende Funktion zu; Empedokles läßt die ‹Liebe›, auch Aphrodite genannt, in ihrer Werkstatt die Organismen herstellen. Erst die Atomisten haben, gegen Anaxagoras, den planmäßig schaffenden Geist aus der Natur ausscheiden wollen, im Makrokosmos wie im Mikrokosmos; Demokrit entdeckt, was man heute Selbstorganisation der Materie nennt.[79] Hiergegen traten dann Platon und Aristoteles auf den Plan; Platons *Timaios* hat dem Schöpfer, dem *demiourgos*, den dauerhaften griechischen Namen gegeben.

Es besteht soweit kein Grund, die mythischen Kosmogonien der Griechen – ob von Homer entworfen, von Hesiod oder von Orpheus – von den orientalischen Gegenstücken zu isolieren. Sie gehören offenbar der gleichen Familie an. Und daß wiederum die sogenannten Vorsokratiker in ihre Spuren treten, ist ausgemacht.

Nur kurz hingewiesen sei, neben den Weisheitstexten und Mythen, auf die eindeutig rationalen Bereiche, in denen die Abhängigkeit der Griechen von Orientalischem besonders deutlich zu greifen ist – auf Mathematik und Astronomie. Der Lehrsatz des Pythagoras wird in Keilschrifttexten schon rund 1000 Jahre vor Pythagoras routinemäßig angewandt. Unsere Namen der Planeten – Merkur, Venus, Mars und Juppiter – sind aus dem Babylonischen übersetzt, auf dem Weg über die griechischen Götter Hermes, Aphrodite, Ares und Zeus. Diese Übertragung erfolgte spätestens in Platons Zeit; im Hintergrund stehen Nabu, Ishtar, Nergal und Marduk.[80] Die Einteilung des Kreises in 360 Grad samt der Unterteilung in ‹Minuten› und ‹Sekunden› im Sexagesimalsystem ist ein Stück babylonischer Rechentechnik, das wir nicht haben ablegen können. Es geht auf die babylonische Astronomie, die Tierkreismessung zurück; nachweisbar ist diese Messung freilich erst nach Alexander.[81]

Aus alledem ergeben sich Konsequenzen, die überraschen mögen. Zum einen ist die Verbindung sogenannter orientalischer und griechischer Geistigkeit weder zeitlich noch räumlich auf einen schmalen Korridor beschränkt, der sich etwa vom nachhethitischen Kilikien und Syrien/Phönikien zu Hesiod in der Zeit um 700 erstrecken sollte. Es gibt vielmehr so etwas wie eine nahöstlich-mediterrane Koiné, eine Kulturgemeinschaft, die fortlaufend immer neue Kontakte und Anregungen hervorbrachte. Überblickt man die theogonischen Motive der Ilias, der hesiodeischen Theogonie, des ‹Orpheus›,[82] so entdeckt man jeweils spezifische Ähnlichkeiten zum Akkadischen, Hethitischen, Phönikischen. In der orphischen Theogonie von Derveni ist vom Verschlucken eines Phallos die Rede, ganz wie bei Kumarbi, was sich aber nicht bei Hesiod findet. Die dem Thales zugeschriebene Lehre vom Wasser hat besonders in dem Detail, daß die Erde wie ein Schiff aufs Wasser gebaut sei, ihr Gegenstück nicht bei Hesiod und Homer, wohl aber in einem akkadischen Text und auch in der Bibel. Im 6. Jahrhundert scheint Iranisches, Persisches zunehmend ins Spiel zu kommen: Die Anordnung der Gestirne bei Anaximandros – nach unserem Wissen ganz falsch – entspricht einem iranischen Schema der Himmelsreise.[83] In der Religion Zarathustras ist früh und eindeutig ausformuliert, daß nach dem Tod die Seele in ein himmlisches Lichtreich emporsteigt; dies taucht in verschiedenen Variationen auch bei den Vorsokratikern auf.[84] Zum anderen ist es nicht so, daß Kontakte und Übernahmen nur den Bereich des Vorrationalen betroffen hätten, also Weisheit und Mythologie, so daß den Griechen der Weg ‹vom Mythos zum Logos› als selbständige Leistung vorbehalten geblieben wäre; vielmehr ist die Abhängigkeit im Bereich der Astronomie am allerdeutlichsten. Eben dort haben die Babylonier voll rationale mathematische Methoden entwickelt,[85] während in den Kosmogonien auch die Griechen die vorgezeichneten Bahnen des Mythos kaum verlassen haben.

Erst neuerdings ist man darauf aufmerksam geworden, daß auch im sogenannten Orient zur Assyrerzeit eine Entwicklung im Gange war, eine Bewegung vom Mythos zum Logos. Es gibt Ansätze, vom kosmogonischen Mythos zu bewußterer kosmologischer Spekulation voranzuschreiten. Alasdair Livingstone hat 1986 unter dem Titel *Mystical and Mythological Explanatory Works of Assyrian and Babylonian Scholars* entsprechende Texte zusammengefaßt und kommentiert. Ein solcher Text, aus dem Haus einer Beschwörer-Familie in Assur, um 650 v. Chr., soll als Beispiel dienen. Er geht von ‹drei Himmeln› und ‹drei Erden› aus: «Auf der Feste der oberen Erde siedelte der Gott die Seelen der Menschen in ihrer Mitte an. Auf der mittleren Erde ließ er Ea, seinen Vater, in der Mitte Platz nehmen. Auf der unteren Erde schloß er die 600 Unterweltsgötter (*Annunaki*) in der Mitte ein.» Also existieren drei Schichten unserer Welt: die feste Erde, auf der wir leben, darunter eine Wasserschicht – wie bei Thales –, mit dem Wassergott Ea, zuunterst die Unterwelt mit den dort eingeschlossenen Göttern. Spekulativer erscheinen die drei Himmel, die gleichfalls genannt werden; der oberste gehört dem Gott ‹Himmel› an sich, Anu, und 300 himmlischen Göttern; der mittlere, aus strahlendem Stein, ist der Thron des regierenden Gottes Enlil; der unterste Himmel, aus Iaspis-Stein, ist der Ort der Gestirne: «Die Gestirne der Götter zeichnete er darauf.»[86]

Innerhalb des mesopotamischen Horizonts besteht das Anliegen solcher Texte offenbar darin, die religiöse Tradition mit den Tatsachen der natürlichen Welt in Ausgleich zu bringen. Die Darstellung strebt über den erzählenden Mythos hinaus, ohne freilich die Ausdrucksweise des Schöpfungsberichts aufzugeben: Der Gott schuf, *just so*, und so ist es; es ist der Gott Marduk, der ‹gezeichnet›, ‹angesiedelt› und auf seinem Thron Platz genommen hat. Und doch ist das Ergebnis ein Stufenmodell, das sich am einfachsten durch eine Zeichnung erläutern ließe. Es geht nicht um die erzählbare, merkwürdige Geschichte, sondern um die Welt, wie sie der Fall ist. Livingstone formuliert als Ziel der akkadischen Texte: «Making existing theology accord more precisely with the facts of the natural world.» Dies trifft sich mit Pherekydes von Syros, dem Zeitgenossen des Anaximandros, zu dem Hermann Schibli bemerkt: «Pherekydes, in short, meant to provide an alternative version to the Theogony; he probably felt his own version more consistently and accurately explained the origin of the world and the gods of myth.»[87] Was der assyrische ‹Wissende› um 650 und der Ionier um 540 versuchen, weist deutliche Parallelen auf.

Für den Gräzisten ist überraschend und eindrücklich, wie nah solches Fortdenken des kosmogonischen Mythos bereits bei den Assyrern dem kommt, was die Vorsokratiker im Verhältnis zu Hesiod geleistet haben. Pherekydes hat die Götter beibehalten und doch etymologisierend ihren Sinn ins Spekulative verschoben: Zas, ans griechische Verbum ‹leben› anklingend, für Zeus, Chronos ‹Zeit› statt des ähnlich klingenden ‹Kronos›;[88] Anaximandros und Anaximenes gingen, so weit wir sehen, weiter und beließen nur ‹Göttliches› an Stelle mythisch-personaler Gottheiten. Dabei erinnern die drei Himmel des akkadischen Textes ganz besonders an Anaximandros, der offenbar den im Griechischen ganz ungewöhnlichen Plural für ‹Himmel› (*ouranoi*) verwendet hat – was später kaum verstanden oder mißverstanden wurde.[89] Allerdings hatte Anaximandros die Idee, die verschiedenen Himmel mit den verschiedenen Kategorien der Gestirne zu verbinden – Sternen-Himmel, Mond-Himmel, Sonnen-Himmel; und er hat damit die Frage der kosmischen Distanzen in die Astronomie eingeführt, den «*Logos* der Größen und Distanzen», wie Eudemos formulierte[90] – und das, so falsch auch seine spekulative Zuweisung im einzelnen war. Anaximenes setzte die Sterne in größeren Abstand von der Erde, ohne das Stufenmodell weiterzuführen; für ihn sind die Sterne «gleichsam als Bilder» (*zographemata*) an einem «eisartigen» oder «kristallenen» Himmel befestigt; dies klingt fast schon wie eine Übersetzung: «Die Gestirne der Götter zeichnete» Marduk auf den Iaspis-Himmel.[91] Ein astronomischer Text aus Mesopotamien, nach seinem *incipit Enuma Anu Enlil* benannt, drückt das gleiche wieder theologischer aus: Die großen Götter selbst «zeichneten die Sterne als ihre Ebenbilder» an den Himmel; Peter Kingsley hat die Aufmerksamkeit darauf gelenkt, daß es in der *Epinomis* des Philipp von Opus zur Begründung der Sternreligion fast wörtlich gleich heißt: Man müsse annehmen, die Gestirne seien «Bilder der Götter, gleich Götterbildern, die die Götter selbst gemacht haben».[92]

Der assyrische Text von den drei Himmeln und Marduks Thron in ihrer Mitte hat Verbindung auch zu Hesekiels berühmter Vision von der *merkabah*, vom Gottesthron auf dem Wagen mit Rädern, die vor und zurück gehen, besetzt mit Augen; die Assoziation mit dem Rädersystem des Anaximandros ist fast unausweichlich, während der von Hesekiel beschriebene Bernstein-Thron besonders an den assyrischen Text gemahnen muß.[93] Der Hesekiel-Text datiert sich selbst – umgerechnet – auf 593/2 v. Chr., also gerade in die Mitte zwischen die assyrischen Priester und Anaximandros. Offenbar gingen die Beziehungen hin und her; Griechen in Milet waren alles andere als isoliert. Anaximandros wirkte in eben der Epoche, als ganz Kleinasien dem östlichen Großkönig untertan wurde,[94] nachdem längst Gyges mit Assurbanipal, dem König von Assyrien, korrespondiert und Alkaios' Bruder in Nebukadnezars Babylon Söldnerdienst geleistet hatte.[95]

Worin liegt überhaupt der Neuansatz der Vorsokratiker und damit das Besondere der griechischen Philosophie? Hierzu nur einige Hinweise. Wir können Kontinuitäten, Kontakte, Vorzeichnungen der griechischen Philosophie in mannigfachen Formen in den älteren Hoch- und Schriftkulturen feststellen. Deutlich ist, daß die Vorsokratiker die mythische Tradition zumindest als Gerüst benützen,[96] dem folgend sie die eigenen Entwürfe, und auch ihre Gegenentwürfe konstruieren. Es wäre nicht gut ohne das Gerüst gegangen; einige Verbiegungen freilich dürften darauf zurückzuführen sein, daß man sich dem Gerüst anpaßte.

Und doch ist sonst nirgends daraus Philosophie in jener Form entstanden, wie sie sich seit den Vorsokratikern entwickelt hat. Die besondere Beweglichkeit, die Geist und Schrift bei den Griechen – und zuerst eben nur bei den Griechen – gewonnen haben, losgelöst von Königen und vom ‹Haus der Tafeln›, ist nochmals zu bedenken.[97] Auch zu Mathematik und Astronomie läßt sich zeigen, wie die Griechen ganz neue, bislang nicht dagewesene Formen in Gestalt ihrer deduktiven Geometrie entwickelt haben.[98] Besonders eigentümlich aber ist Parmenides mit seiner besonderen Art des Argumentierens und Beweisens. Parmenides' berühmte, paradoxe These, daß ‹das Seiende ist›, Nichtsein aber nicht ist und darum weder Werden noch Vergehen möglich seien, weil sie das Nichtsein voraussetzen würden, scheint in einer Hinsicht ganz aus der Sprache zu wachsen, und zwar aus der griechischen Sprache, die den scharfen Aspektgegensatz kennt zwischen einer Dauer überhaupt – ausgedrückt etwa durch den Verbalstamm *es-* – gegenüber den markanten Anfangs- und Endpunkten einer Handlung – ausgedrückt durch den Aoriststamm wie *phu-* oder *gen-, physis, genesis.*[99] Zugleich aber, und dies ist das Merkwürdige, ist in der These des Parmenides ein Satz erfaßt, der mit gewissen Modifikationen bis heute unser wissenschaftliches Weltbild beherrscht: das Prinzip von der

Erhaltung von Materie-Energie. Nichts kann aus purem Nichts entstehen, und nichts kann zunichte werden – daher unsere Probleme mit der Entsorgung des Unvernichtbaren.

Auch hier kann man aber noch die Sprache des kosmogonischen Mythos wahrnehmen, oder vielmehr die Distanzierung von diesem. ‹Werden und Vergehen›, ‹Schaffen und Zerstören› sind als sprachliche Antithesen und damit als verallgemeinerte Denkformen in der Welt-Spekulation längst etabliert, im Mesopotamischen und Ägyptischen wie dann im Griechischen.[100] Im *Enuma elish* etwa wird der Gott Anshar angeredet: «Du bist von weitem Herzen, Bestimmer der Bestimmungen. Was geschaffen wird, vernichtet wird, existiert in Verbindung mit dir»;[101] man spricht also von ‹Vorhanden sein› (*bashû*) zwischen ‹Werden› bzw. ‹Schaffen› (*banû*) und ‹Vergehen› bzw. ‹Zerstört werden› (*hulluqu*) und bezeichnet so einen verallgemeinerten Dreischritt der Wirklichkeit. Später aber sprechen die Götter zu Marduk: «Sprich Vernichten und Erschaffen: Es wird gelten»,[102] und offenbar muß eben dies die Macht des Gottes beweisen, wie dann auch der christliche Gott aus dem Nichts schafft, indem er sein «es werde» spricht. Das kann er nicht, sagt Parmenides, und ebensowenig kann etwas zunichte werden; und unser Wissen pflichtet ihm bei.

Die griechische Sprache hat – mit Parmenides und durch Parmenides – das ‹Sein› erfaßt. Die ältere kosmogonische Spekulation wird damit überwunden; rationales Argumentieren wird eingesetzt, selbst über den Augenschein hinweg, um die These zu sichern. So tritt das ‹Sein› in den Regeln der Logik hervor. Seit Platon ist dann die Mathematik in den Vordergrund getreten, das, was später *a priori* heißt. So sucht man seither und immer noch von der Mathematik und Logik ausgehend die Natur zu erfassen und zu beherrschen. Parmenides besteht auf einem direkten Bezug der Sprache auf das ‹Seiende›; insofern setzt er die Wahrheit in einem absoluten Sinn an,[103] losgelöst von persönlichen, sozialen, politischen Interessen, und weithin ist die Philosophie diesem Ideal gefolgt. In den Geisteswissenschaften von heute allerdings wirkt eine solche Auffassung fast schon exotisch, und auch die modernen Naturwissenschaften zeigen sich irritiert. Insofern scheint das griechische Erbe mehr als Problematik denn als gesicherter Besitz.

Trotzdem besteht die Faszination der Anfänge. Dort aber haben wir keinen Anlaß, die Griechen zu isolieren; trotzdem werden wir, selbst ohne es zu merken, immer wieder griechisch philosophieren, griechisch denken. Sind wir europazentrisch, wenn wir mit Parmenides darauf bestehen, daß Denken und Sprechen dem ‹Seienden› adäquat sein sollte? Oder ist der Erhaltungssatz des Parmenides ein ganz allgemeines Stück ‹evolutionärer Erkenntnis›,[104] das in fortschreitender Wirklichkeitserfassung zutage gekommen ist? Die ‹Weisheit› des *just so* ist versunken. Fragen und Argumentationen sind geblieben.

IV. Orpheus und Ägypten

Die kulturelle Bedeutung Ägyptens für Griechenland ist von Herodot, dem Vater der Geschichtsschreibung, in ganz besonderer Weise herausgestellt worden. Dies hat seit langem und immer wieder Anlaß zu gründlicher Kommentierung und Diskussion gegeben.[1] Das alles kann im einzelnen hier nicht wiederholt oder gar neu aufgerollt werden. Ausgegangen sei von außerherodoteischen Evidenzen, auch wenn die Überlegungen immer wieder zu Herodot zurückführen werden, zumal religionsgeschichtliche Beziehungen im Vordergrund stehen, denen auch Herodots besondere Aufmerksamkeit galt. Und doch kennt die moderne Wissenschaft Ägypten von der Sprache und Literatur, aber auch von den archäologischen Befunden her zweifellos besser, als dies Herodot möglich war; und neue Funde verändern gelegentlich das Bild.

Seit dem Zusammenbruch Assyriens und dem Aufstieg König Psammetichs (664–610) haben sich die Kontakte der Griechen, zumal der Ionier mit Ägypten ständig intensiviert, insbesondere dank der Gründung von Naukratis als dauerhafter Niederlassung von Griechen in Ägypten.[2] Den Söldnern sind die Kaufleute gefolgt, ein blühender Handel hat eingesetzt. Eng waren die Beziehungen besonders unter König Amasis. Dem deutschen Bildungsbürger steht wohl immer noch aus Schillers Ballade jene Szene vor Augen, als Polykrates, der Tyrann von Samos, samt Ring, auf seines Daches Zinnen mit Ägyptens König parliert.[3] König Amasis regierte 570–526; Polykrates wurde von den Persern im Jahr 521 umgebracht. Was unmittelbar an König Amasis heranführt, ist die Tatsache, daß in Athen eben um die Mitte des 6. Jahrhunderts ein erfolgreicher Töpfer namens Amasis lebte; der ‹Amasis-Maler› ist jedem Archäologen ein Begriff, ob er nun mit dem signierenden Töpfer identisch war oder nicht. Ob dieser Amasis ein Ägypter war oder nur zu Ehren des ägyptischen Königs diesen Namen trug, steht dahin;[4] der Hinweis auf Ägypten ist jedenfalls unmißverständlich.

Entscheidende Anregungen kamen früher schon aus Ägypten für die Großarchitektur, die Prunkarchitektur der Tempel,[5] ebenso wie für die Großplastik. Der sogenannte Kuros-Typ der Marmor-Statue, den die Ionier um 600 entwickeln, ist zweifellos vom Ägyptischen angeregt, bis in die Beinstellung hinein, auch wenn dann alsbald sowohl die nackten Statuen wie die dorischen und ionischen Tempel ein unverwechselbar griechisches Gepräge annehmen.

Weniger offen als in Architektur und bildender Kunst liegen Beziehungen im geistig-religiösen Bereich zutage. In Ägypten selbst findet man immerhin in der Mitte des 6. Jahrhunderts eine griechische Weihung ‹für den Zeus von Theben›, ΖΗΝΙ ΘΗΒΑΙΩΙ:[6] Der Gott Amun von Theben wird also selbstverständlich mit dem griechischen Zeus gleichgesetzt. Wenig später weiht in Ägypten ein gewisser Sokydes einen bronzenen Apisstier mit einer Inschrift in griechischen Buchstaben, sie lautet PANEPI – das scheint ägyptisch zu sein und ‹Stier des Apis› zu heißen.[7]

Besonders wichtig ist die Beziehung von Osiris und Dionysos. Wieso die beiden zusammengehören, ist weit weniger selbstverständlich – auf der einen Seite der Gott des Weins, wie ihn uns vor allem die attischen Vasen des 6. Jahrhunderts vor Augen stellen, auf der anderen der Gott der Toten. Von Ägypten strahlt eine besondere Faszination des Totenkultes aus, mit einer bereits Jahrtausende alten Tradition, die dem dringenden Anliegen dient, das Leben, ja das Glück nach dem Tod durch aufwendige Rituale zu sichern. Der Gott, der dabei mehr und mehr ins Zentrum getreten war, ist eben Osiris, der selbst getötet, bestattet, wiederbelebt und schließlich zum König der Toten eingesetzt worden war. Der Tote wird im Ritual in Osiris verwandelt, um ein göttliches Leben im Jenseits zu finden. Dies blieb den Griechen fremd. Und doch, Osiris ist – daran hat gerade Herodot keinen Zweifel – Dionysos.[8]

Dies ist gewiß mehr als ein beiläufiger Einfall. Daß Dionysos kein neuer Gott im archaischen Griechenland war, sondern einer der ganz alten griechischen Götter, und daß er bereits in der Bronzezeit mit Zeus verbunden war, ist heute endgültig gesichert.[9] Die

Verehrung ging kontinuierlich weiter, wobei offenbar die Ionier, die Inseln und auch Athen ihre Rolle spielten. Über den Ursprung des Dionysos zu spekulieren ist möglich, doch muß dies weit in die Prähistorie führen. Die Berührung mit Osiris könnte dagegen sehr viel später, vielleicht gar erst im 6. Jahrhundert zustande gekommen sein.

Es gibt Hinweise, daß die Gleichsetzung von Osiris und Dionysos älter ist als Herodot. Ein wörtliches Fragment des Hekataios (FGrHist 1 F 305) überschneidet sich mit dem Kapitel des Herodot (2,156) über das Heiligtum von Buto in Ägypten, das von der Göttin ‹Leto› und ihrem Sohn oder Ziehsohn in Buto spricht, Apollon also mit Horos gleichsetzt; dann muß die ganze Geschichte von Isis, Horos, und Seth-Typhon, wie sie Herodot in diesem Zusammenhang erwähnt (2,154,4 f.), schon in der Sicht des Hekataios bestanden haben. Die eine Gestalt in diesem mythischen Drama, und zwar Seth, wurde stets mit dem homerisch-hesiodeischen Typhon gleichgesetzt; davon wußten Pindar und Aischylos.[10]

Osiris wird oft genug mit Reben und Weintrauben dargestellt, aber das ist kaum das Wesentliche, was die Götter zusammenbrachte. Auffällig sind von der griechischen Seite her zwei andere Einzelheiten. So erscheint Dionysos auf attischen Vasenbildern der zweiten Hälfte des 6. Jahrhunderts wiederholt in festlicher Prozession auf einem Schiff, einem Schiff, das auf Räder gesetzt ist; einmal wird das Schiff auch von Menschen getragen, und diese Darstellung fand sich ausgerechnet in Ägypten.[11] In ägyptischen Kulten werden immer wieder Götterschiffe von Männern getragen oder auch auf Räder gestellt. Daß die Griechen unabhängig von dem in Ägypten bereits weit früher bezeugten Brauch darauf gekommen wären, und zwar gerade zu der Zeit, da Amasis mit Samos in diplomatischer Verbindung stand, ist ganz unwahrscheinlich.

Ein anderer Bezug findet sich bei einem – nicht sicher bestimmbaren – attischen Fest, während dessen Dionysos durch eine an einer Säule aufgehängte Maske repräsentiert wird. Diese Darstellungen[12] haben eine merkwürdige Ähnlichkeit mit den ägyptischen Hathor-Säulen, wie sie sich damals besonders auch auf Cypern finden.[13] Auffällig ist vor allem, daß es auch Darstellungen des Dionysos-Maskenpfeilers mit zwei gegenständigen Masken gibt, was vom Griechischen her unverständlich bleibt; eben dies aber ist bei den Hathor-Pfeilern fast regelmäßig der Fall. Hathor ist auch eine Göttin der Trunkenheit und der sexuellen Energie. Die Einzelheiten der Beziehung zu Dionysos sind dennoch kaum aufzuhellen; aber man sollte diese Verbindung nicht übersehen.

Sehr viel wichtiger aber ist, daß Dionysos seit dem Ende des 6. Jahrhunderts als Mysteriengott bezeugt ist, der das Glück der Verstorbenen im Jenseits sichert; und eben darin trifft er sich in entscheidender Weise mit Osiris. Hier allerdings kommt ein weiterer Name ins Spiel, nämlich der des ‹Orpheus›, und damit auch eine seit 200 Jahren vielbehandelte Problematik – die Frage nach der ‹Orphik›. Doch ist gerade in diesem Zusammenhang von entscheidenden Neufunden der letzten Jahrzehnte zu berichten.

Orpheus war ein mythischer Sänger, der die Tiere bezauberte, der in die Unterwelt hinabstieg, um seine Frau Eurydike zurückzuholen, und Orphik war eine religiöse Bewegung, die Orpheus als Propheten betrachtete, Bücher des Orpheus kannte, als heilige Texte behandelte und auf diese Weise theologische Spekulation nach den Lehren des Orpheus betrieb.

Seit dem Anfang des 19. Jahrhunderts wurde die Orphik zum Kampffeld zwischen Rationalisten und Romantikern unter den Philologen.[14] Im Hintergrund stand dabei die Frage, wie ‹klassisch› das klassische Griechenland eigentlich gewesen sei und ob es eine ernst zu nehmende griechische Religion überhaupt gegeben habe. So trat Orpheus aus dem Bereich der Oper, wo er von Monteverdi bis Gluck Heimatrecht genossen hatte, in die sich ausbildende Religionswissenschaft über, und zwar als Schlüsselwort einer verschütteten und um so faszinierenderen Religion jenseits der homerischen Götter, jenseits auch der ovidischen Spielereien und jenseits aller allegorischen Verdünnungen der Barockzeit. Eindruck machten die vielbändigen Studien von Friedrich Creuzer, der immerhin auch für eine neue Bewertung des ‹Dionysischen› den Weg bereitete, woran dann Nietzsche anknüpfen konnte. Gegen Creuzer stellte sich Christian Lobeck mit scharfer Kritik in seinem überaus gelehrten Buch *Aglaophamus* (1829), der fast nur Banales und Spätes gelten lassen wollte. Die ‹mystische› Linie wurde von Johann Jakob Bachofen aufgenommen, der an Hand einer unteritalischen Vase *Die Unsterblichkeitslehre der Orphischen Theologie* entwarf (1867).

Damals trat eine neue Gruppe von Zeugnissen in den Blick, die ‹Goldblättchen›. Sie finden sich in Gräbern und tragen Texte, die vom Jenseits handeln. 1836 wurde der Text aus Petelia bei Kroton bekannt, der die eindrucksvolle Anweisung enthält, wie man die Unterwelt zu durchschreiten habe, von der ‹weißen Zypresse› und der verbotenen Quelle hin zum ‹See der Erinnerung› mit seinen Wächtern. Dann brachten die Ausgrabungen zweier Tumuli bei Sybaris/Thurioi[15] 1879 jene Texte, die bis heute am stärksten wirken, gerade weil sie einen Teil ihres Geheimnisses bewahren: «Gott bist du geworden aus einem Menschen»; was aber heißt «Böcklein fiel ich in die Milch?».

Man nannte diese Texte von Anfang an orphisch. Erwin Rohde, der in seinem Buch *Psyche* (1884) die gründlichste Darstellung auch des Dionysischen gab, kannte sie bereits. Von ihnen ließen sich besonders Albrecht Dieterich in Deutschland und Jane Harrison in England faszinieren.[16] Die Kontroversen aber blieben.[17] Scharfe Reaktion kam von Ulrich von Wilamowitz-Moellendorff. *Der Glaube der Hellenen* enthält vernichtende Passagen über die sogenannte Orphik. Ivan Linforth folgte im Sinn eines kritischen Minimalismus.[18] Eine vermittelnde Position hat Martin Nilsson gesucht. Kritischer äußerte sich E.R. Dodds in einem brillanten Kapitel seines Buch *The Greeks and the Irrational* (1951).[19] Noch über Wilamowitz hinaus hat Günther Zuntz in seinem hochgelehrten Werk *Persephone* die Skepsis gegenüber dem Orphischen und Dionysischen gesteigert.[20]

Gerade damals jedoch sind die entscheidenden Neufunde bekannt geworden, die das Problem dionysischer Mysterien und damit auch der Orphik auf eine neue Basis gestellt haben. Voran stehen die Funde neuer Goldblättchen. Das bislang älteste, aus Vibo Valentia in Süditalien, dem alten Hipponion, wurde 1973 bekannt;[21] es wird um 400 v. Chr. datiert. Von Hellenismus[22] oder gar Spätantike kann also nicht die Rede sein; sprachliche Argumente scheinen auf Ionien als Ausgangspunkt des darauf zu lesenden Textes zu weisen.[23]

Er spricht von ‹Bakchen› und ‹Mysten›, also von dionysischen Mysterien. Dies bestätigten dann die Texte von Pelinna in Thessalien, 1987 publiziert, die von der ‹Lösung› durch ‹Bakchios› künden. Dies sind aber noch nicht alle Funde. Ein Goldblättchen aus Sizilien, dem Hipponion-Text sehr ähnlich, wurde 1993 publiziert, ein anderes und eigentümliches stammt aus Pherai in Thessalien und ist seit 1997 bekannt;[24] Funde aus Sfakaki, Kreta, folgten 2001. Goldblättchen aus Aigion, Achaia, kommen zutage, die freilich nur Eigennamen neben der Bezeichnung ‹Myste› enthalten; ähnlich auch in Pella, Makedonien.[25] Ein Text aus Lesbos bleibt vorläufig unveröffentlicht.[26]

Hinzu kamen eigentümliche Knochenblättchen mit Graffiti aus Olbia am Schwarzen Meer, 1978 publiziert.[27] Sie sind in die erste Hälfte des 5. Jahrhunderts v. Chr. datiert; ihr Zweck und ihre Verwendung sind rätselhaft. Auf einem von ihnen aber ist ‹Orphiker› zu lesen, ΟΡΦΙΚΟΙ. Die Mutterstadt von Olbia war Milet. In Olbia läßt Herodot eine dramatische Szene dionysischer Mysterien spielen (4,76–80). An dionysischen Mysterien und der Existenz von ‹Orphikern› schon im 5. Jh. v. Chr. ist also nicht mehr zu zweifeln.

Sensationeller noch ist der Inhalt des Papyrus von Derveni, 1962 entdeckt, aber erst 1982 unautorisiert und unvollständig veröffentlicht. Inzwischen ist immerhin dank einem 1993 in Princeton abgehaltenen Symposium und der Hilfe von Kyriakos Tsantsanoglou aus Thessalonike ein vervollständigter und korrigierter Text greifbar.[28] Es handelt sich um Reste von 26 Kolumnen einer Buchrolle, verkohlt erhalten im Scheiterhaufen eines reichen makedonischen Grabs, das um 330 v. Chr. datiert wird.[29] Dies ist einer der ältesten literarischen Papyri überhaupt, und er ist einzigartig auch durch seinen Inhalt: Es geht darin im wesentlichen um einen vorsokratischen Kommentar zur Theogonie des Orpheus.[30]

Die Goldblättchen einerseits und der Derveni-Text andererseits eröffnen zwei getrennte Perspektiven: Mysterienpraxis zum einen, mythisch-philosophische Spekulation in literarischer Form zum anderen. Auf beiden Seiten taucht der Name Orpheus auf, und beide Zeugnisgruppen weisen, auf verschiedenen Wegen, nach Ägypten.

Zunächst zu den Goldblättchen, die bereits vielfach wissenschaftlich untersucht wurden und auch weiterhin lebhaftes Interesse finden:[31] Die Texte von Hipponion und Pelinna haben den Kontext des Dionysischen in neuer Weise sichtbar gemacht. Der Text von Hipponion spricht zum Verstorbenen:

> «Du gehst den Weg, den heiligen, den auch andere, Mysten und Bakchoi, ruhmvoll schreiten.»[32]

Er zeigt also den Toten auf einer ‹heiligen Straße› in der Unterwelt, eingegliedert in eine Gemeinschaft von ‹Mysten›, die zugleich ‹Bakchen› heißen; daran wird deutlich, daß es um dionysische Mysterien geht.

Die Pelinna-Texte fordern den Verstorbenen auf:

> «Sage der Persephone, daß Bakchios selbst dich gelöst hat»,

und am Schluß heißt es – teilweise verschrieben:

> «Dich erwarten unter der Erde die Feiern, die auch die anderen Seligen ...»[33]

Die Goldblättchen von Pelinna sind in Form von Efeublättern – ikonographische Elemente des Dionysoskultes – geschnitten.

Die Schlüsselworte sind *mystai, bakchoi, telea* und die ‹Lösung› durch Bakchios. Während der Text von Hipponion noch die Frage offen lassen konnte, ob das Wort *bakchoi* Dionysos-Mysten bezeichne oder Ekstatiker in einem allgemeineren Sinn, läßt die Formulierung von Pelinna keinen Zweifel: Bakchios ist Dionysos, und seine Aufgabe ist das ‹Lösen›. Platon verweist im wohlbekannten Abschnitt seines *Staates* über die Reinigungspriester auf die ‹lösenden Götter›, *lysioi theoi*.[34] Der Schlußvers aus Pelinna nennt Feiern, *telea*, die ‹unter der Erde› noch die Eingeweihten erwarten. Den Mysten und den dionysischen Thyrsos nennt auch der Text aus Pherai.[35] Wir haben es also mit Dokumenten von ‹bakchischen

Mysterien› zu tun, mit dem Ziel, einen Status festlichen Glücks ‹unter der Erde› nach dem Tod zu garantieren.

Günther Zuntz hatte die Texte der Goldblättchen in zwei Gruppen eingeteilt, ‹A› und ‹B›. Der Text von Hipponion gehört zur Gruppe B, die Texte von Pelinna haben enge Beziehungen zur Gruppe A. Beide Gruppen gehören trotz ihrer Unterschiede damit doch dem gleichen Umfeld an, dem bakchischen Bereich. Der Fundkontext des Blättchens von Hipponion besagt, daß dieser Mysterienkult mindestens ins 5. Jh. v. Chr. zurückreicht; die Zeugnisse auf Kreta erstrecken sich bis in die Kaiserzeit. Von keinem anderen Mysterienkult der Griechen haben wir vergleichbare direkte, persönliche Dokumente, und dies über viele Jahrhunderte hin.

Die Realität, die hinter diesen Texten steht, läßt sich mit hinlänglicher Sicherheit fassen. Nichts spricht für eine bakchische oder orphische ‹Kirche› mit Klerus und Dogma. Es handelt sich bei den Funktionsträgern vielmehr um wandernde Reinigungspriester, *kathartai, telestai,* die ihren Klienten durch Weiherituale ‹Lösung› aus allerlei Not und Ängsten bieten, einschließlich der Angst vor dem Tod und vor Jenseitsstrafen. Das Dokument, das unmittelbar über solche Weihepriester informiert, ist ein Erlaß des Königs Ptolemaios IV. Philopator aus Ägypten, um 210 v. Chr., wonach diejenigen, die «Weihen für Dionysos durchführen», in Alexandria zu registrieren sind;[36] sie sind offenbar in ‹Familien› organisiert und pflegen Traditionen, die sich über Generationen fortsetzen. Zu diesen Traditionen gehört ein *hieros logos,* ein geheimgehaltener Text, in dem man mythische Erzählungen so gut wie rituelle Formeln und Anweisungen vermuten kann. Daß wandernde Weihepriester solche Kulte von Lesbos und Thessalien bis Unteritalien, Sizilien, Kreta verbreiten konnten, ist alles andere als erstaunlich. Bemerkenswert ist allenfalls, daß bisher kein entsprechendes Zeugnis aus Attika aufgetaucht ist: Es sieht so aus, als sei diese Region von Eleusis besetzt, wo man solche Texte nicht verwendete.

Die lebhafteste Anschauung liefert Platon im bereits erwähnten sarkastischen Text über die ‹Bettelpriester und Seher›, die «zu den Türen der Reichen kommen und sie überzeugen, bei ihnen liege, von den Göttern verliehen, die Macht, mit Opfern und Beschwörungen, wenn bei einem eine ungerechte Tat geschehen ist, oder bei einem der Vorfahren, dies zu bessern mit Vergnügungen und Festen, ... und sie präsentieren einen Haufen Bücher, von Musaios und Orpheus, Söhnen der Mondgöttin oder der Musen, wie sie sagen, nach denen sie ihre Opferriten durchführen. Sie überzeugen nicht nur Privatpersonen, sondern auch ganze Städte, als gebe es da eben Lösungen und Reinigungen von Unrechtstaten, durch Opfer und den Spaß an Vergnügungen, und zwar für die Lebenden, aber auch für die Verstorbenen; *teletai* nennen sie das, was uns von dem Übel dort erlöse; wer aber nicht opfere, den erwarte Schreckliches.»[37] Auch der Autor von Derveni spricht von solchen Leuten, die «das Heilige zum Handwerk machen» und Weiheriten anbieten, meist ohne rechte Erklärung, wie er bemängelt.[38]

Die Texte der Goldblättchen erscheinen nicht in der klassischen Literatur. Es handelt sich insofern um Zeugnisse einer ‹Subkultur›. Doch gibt es eine ganze Reihe von Texten, die mit diesen Dokumenten kompatibel sind, ja offenbar auf diese Mysterien anspielen. Aristophanes bringt in seinen *Fröschen* die Festprozession der Mysten in der Unterwelt auf die Bühne; er bezieht sich im wesentlichen auf Eleusis, wie der Ruf ‹Iakchos› zeigt;[39] doch die Vorstellung von der Fortsetzung der Mysterienfeier nach dem Tode ist allgemeiner – sie entspricht eben dem, was der Vers des Goldblättchens von Hipponion über das Glück der *mystai* und *bakchoi* in der Unterwelt aussagt. Sophokles läßt in der *Antigone* (1118–1122) Dionysos als Herrn von Italien erscheinen und zugleich als den, der im ‹Schoß› von Eleusis geheimnisvoll waltet, wo er ‹Iakchos› heißt: Die bakchischen Mysterien und die von Eleusis weisen also deutliche Parallelen auf und ergänzen sich gegenseitig. Ein Dichter des 3. Jahrhunderts, der zum Makedonenhof Beziehungen pflegte, Poseidippos von Pella, wünscht sich in einer Elegie auf sein ‹Alter›, daß er selbst «auf dem mystischen Weg zu Rhadamanthys gelangen möge», ins Elysion:[40] Er nennt hiermit den Zielpunkt der ‹heiligen Straße›, von welcher der Hipponion-Text spricht. Ein Lehrer namens Hieronymos soll dort, laut Grabinschrift, zum «Vorsteher der mystischen» Mitbewohner oder Riten werden.[41] Der römische Dichter Accius nennt die *mystica vada* der Unterwelt.[42] Wichtiger noch sind die Texte Pindars. Nicht nur, daß der Dichter in der zweiten olympischen Ode, verfaßt für Theron von Akragas, und in einem fragmentarisch erhaltenen *Threnos* (Fr. 129–131) die Seelenwanderung, das Jenseitsgericht und das jenseitige Glück ausführlich darstellt, sondern ein Satz eines Trauer-Liedes bezieht sich auch auf die ‹lösenden› Riten: «Sie alle sind glücklich dank ihrem Anteil an den Weihen, die von Plagen lösen».[43] «Dionysos selbst hat Dich gelöst», verkünden, über einen Abstand von mehr als 100 Jahren hinweg, die Texte von Pelinna; es bleibt, «unter der Erde die Weihen, wie die anderen Seligen», zu feiern. In einem anderen *Threnos* Pindars, auf einen Athener, stehen über den eleusinischen Mysten die Worte: «Er kennt das Ende des Lebens, er kennt den Anfang, der von Zeus gegeben ist.»[44] Auch hierzu bieten die Pelinna-Texte die eindrucksvolle Paraphrase: «Jetzt bist du gestorben, und jetzt bist du geboren, dreimal Seliger, an diesem Tag.»[45] Von Therons Akragas bis zum Thessalien der Alexanderzeit zeigt sich also die gleiche Vorstellungswelt, finden sich die gleichen Verheißungen bakchischer Mysterien. Die Goldblättchen sind keine Kuriosität, sondern Zeugnisse einer verbreiteten und auch den literarischen Wortführern bekannten religiösen Botschaft, die in der klassischen und frühhellenistischen Zeit verbreitet war.

Allerdings fehlen in diesen Texten jene Dimensionen, die bei Platon so packend hervortreten: das Leben als Buße, die geheimnisvolle Schuld des Anfangs[46] und die Seelenwanderung[47] als unausweichlicher Vollzug der Gerechtigkeit. In den Goldblättchen geht es nicht um Grundgedanken noch ums System, sondern, dem beruflichen Engagement der Reinigungspriester entsprechend, um das bessere Los des jeweils einzelnen. Gemeinsame Hoffnung führt dann immerhin zum gemeinsamen Begräbnisplatz: Seit langem bekannt und berühmt ist eine Inschrift des 5. Jahrhunderts aus Cumae in Italien, die einen Friedhof der bakchisch Geweihten markiert: «Es ist nicht erlaubt, daß hier liegt, wer nicht zum Bakchos geworden ist.»[48] Das bakchische Erlebnis wird zum demonstrativen Privileg.

Die Texte variieren stark und sind in sich selbst inhomogen; sie lassen sich kaum auf ein einziges Original zurückführen. Keiner der bisher bekannten Texte ist präzis, was die endgültige Bestimmung der Toten betrifft. «Ich komme als Bittflehender zur reinen Persephone, daß sie mich wohlwollend sende zum Aufenthalt der Reinen», sagen einige Täfelchen von Thurioi;[49] auch bei Pindar ist es Persephone, die die Entscheidung über die Toten trifft (Fr. 133). «Du wirst mit den anderen Heroen herrschen», sagt der Text von Petelia.[50] Dies könnte zu Hesiod und Pindar, auch zu Poseidippos stimmen. Pindar läßt die vollendeten Menschen, dreimal erprobt, zum ‹Turm des Kronos› reisen, den ‹Inseln der Seligen›;[51] Poseidippos spielt aufs Elysion an, wo Rhadamanthys ist. «Gehe nach rechts, zu den heiligen Wiesen und den Hainen der Persephone», sagt der eine Text aus Thurioi.[52] Ist dies schon das Endziel, oder liegt ein Elysion noch jenseits davon? Täfelchen aus Thurioi sprechen darüber hinaus ausdrücklich vom ‹Gott-Werden›; dies mag an Empedokles erinnern, man sollte es aber kaum in alle diese Texte hineinlesen wollen.

Der Bereich der bakchischen Mysterien scheint sich zu erweitern und zu festigen. Haben wir sie auch ‹orphisch› zu nennen? Dieses Problem ist geblieben. Die Skeptiker können auf der Tatsache bestehen, daß in all diesen bisher bekannt gewordenen Dokumenten der Name des Orpheus nicht erscheint. Der geläufige Begriff des ‹Orphisch-Bakchischen› fußt auf einem Passus bei Herodot.[53] Man mag annehmen, daß die genauen Anweisungen über die Topographie der Unterwelt von einem stammen müssen, der dort hingelangt ist, und da nichts auf Herakles oder Odysseus weist, wäre Orpheus der wahrscheinlichste Vermittler. Die Seelenwanderungslehre, die sich abzeichnet, könnte ebensogut pythagoreisch wie orphisch heißen. Es ist eher die ausdrückliche Verbindung mit Bakchos-Dionysos, die vom Pythagoreischen wegführt.

Eigentümlich ist der Text von Pherai.[54] Er beginnt mit dem Wort *symbola,* ‹Erkennungszeichen›, ‹Paßwort›, ‹Parole›,[55] und bringt dann ein kompliziertes Kunstwort und den Namen einer wenig bekannten Göttin, und zwar je zweimal. Hier wird eine Parole gesprochen und bestätigend wiederholt:[56] ANDRIKEPAIDOTHYRSON – ANDRIKEPAIDOTHYRSON, Brimo – Brimo. Dann fährt der Text fort: «Betritt die Heilige Wiese. Frei von Buße ist der Myste.» Die ‹heilige Wiese› greift ein sehr altes und verbreitetes Bild auf, das schon in der Odyssee die Szenerie der Unterwelt bestimmt; daß sie ‹heilig› heißt, erinnert an die ‹heilige Straße› im Hipponion-Text. Das Urteil des Freispruchs entspricht der Erklärung des Toten in den Texten von Thurioi, die vom ‹Timpone piccolo› stammen: «Ich habe die Buße bezahlt.»[57] Das Wort ANDRIKEPAIDOTHYRSON ist wieder ein Rätsel, das den Uneingeweihten dunkel sein will. Man hört ‹Thyrsos›, ‹Mann› und ‹Kind› heraus, was an ein Initiationsszenario erinnert.[58] Zugleich suggeriert der Wortklang *Erikepaios*, einen rätselhaften Namen aus der Theogonie des Orpheus. Das älteste Zeugnis für ihn steht im sogenannten Gurôb-Papyrus, einem rituellen Text des 3. Jahrhunderts v. Chr.[59] Es ist kaum ein Zufall, daß drei weitere bezeichnende Termini des Goldblättchens von Pherai sich in eben diesem Text wiederfinden, und zwar *symbola*, *Brimo* und *poine*. Dann aber wird man so gut wie den Gurob-Text auch die Mysterien von Pherai orphisch zu nennen haben.

Hier hilft der sehr viel kargere, aber pointierte Befund aus Olbia weiter, der seit 1978 bekannt ist.[60] Dort fanden sich Knochenplättchen mit Graffiti, deren Zweck nicht klar ist; man hat solche Plättchen für Notizen verschiedener Art verwendet. In diesem Fall gehören sie der Schrift nach dem fünften Jahrhundert vor Christus an. Mehrfach liest man dort *DION*, was als Abkürzung von Dionysos zu nehmen ist – abgekürzte Götternamen finden sich oft in Graffiti von Olbia. Auf einem davon stehen die suggestiven Worte ‹Leben Tod Leben› (*Bios Thanatos Bios*), dazu ‹Wahrheit› (*Aletheia*) und, ineinandergeschrieben, *DIO* und *ORPHIKOI*. Ein anderes Täfelchen hat ‹Frieden – Krieg› (*Eirene – Polemos*), ‹Wahrheit – Lüge› (*Aletheia – Pseudos*), zudem *DION*; ein drittes hat das gleiche *DION* und auch *Aletheia*, dann ‹Leib – Seele› (*Soma – Psyche*). *Soma* ist als ergänzende Lesung erst 1991 eingefügt worden.

Andeutungen, Rätsel, keine eigentlichen Texte, und doch erstaunlich reiche Information ist hier geboten. Insbesondere die knappe Folge ‹Leben – Tod – Leben› wird zur Botschaft. Der Anfang der Texte von Pelinna – «Jetzt bist du gestorben, und jetzt bis du geboren, dreimal Seliger, an diesem Tag» – erscheint geradezu als Kommentar dazu, samt der ähnlichen Formulierung Pindars von Ende und Anfang;[61] Pindars Verse entstehen etwa zeitgleich mit den Graffiti von Olbia. Erkennbar wird zudem ein Denken in Gegensätzen, das sogleich an Heraklit erinnert hat. Das Insistieren auf ‹Wahrheit› im Gegensatz zur ‹Lüge› macht besonderen Eindruck. Heraklit selbst verweist drohend auf «Baumeister und Zeugen der Lügen», insbesondere auf «die in der Nacht schweifenden Magier,[62] Bakchen, Lenai, Mysten», die in «die bei Menschen gebräuchlichen Mysterien in unheiliger Weise sich einweihen»; «Recht wird die Baumeister und Zeugen der Lügen überführen».[63] Das sieht aus, als polemisiere Heraklit von Ephesos bereits gegen die bakchischen Mysterien, die man auch in Olbia kennt, der Kolonie Milets. Die älteste anschauliche Schilderung von *teletai* des Dionysos Bakchios gibt Herodot gerade aus Olbia, gerade zur Zeit jener Knochenplättchen:[64] Der Skythenkönig Skyles «wünschte, in die *teletai* des Dionysos Bakchios eingeweiht zu werden», was für ihn zur Katastrophe wurde. In Milet sind die *teletai* des Dionysos Bakchios durch eine vieldiskutierte Inschrift aus dem 3. Jahrhundert bezeugt.[65] Das älteste Zeugnis für den bakchischen Ruf *euhai* oder *euhoi* stammt wiederum aus Olbia, gefunden auf einem Spiegel aus einem Frauengrab, um 500 v. Chr. datiert.[66] Offenbar bedeutet der bakchische Ruf etwas Besonderes für die hier begrabene Frau und ihr Kind: Sie haben Teil an den bakchischen *teletai*.

Es gab in dieser griechischen Stadt an der Mündung des Dnjepr im 5. Jahrhundert also Mysterien des Dionysos, es gab fortgeschrittene Spekulation über Leben und Tod, ja es gab ‹Orphiker›. Wir haben damit unumstößliche Zeugnisse für Mysterien des bakchischen Dionysos-Kultes nach Art des Orpheus, wobei es in erster Linie um die ‹Seligkeit› nach dem Tode geht. Die Zeugnisse beginnen mit dem Grab von Olbia, sie werden explizit mit den Plättchen von Olbia und der Inschrift von Cumae, sie werden besonders inhaltsreich mit dem Text von Hipponion um 400; all die anderen Goldblättchen des 4. und 3. Jahrhunderts schließen sich an, samt der Inschrift von Milet und dem Gurôb-Papyrus aus Ägypten. Wir haben zudem parallele Zeugnisse aus der klassischen Literatur – von Heraklit über Pindar zu Herodot und weiter zu Platon und schließlich zu Poseidippos. Diese Mysterien können als Parallelen zu den eleusinischen Mysterien genommen werden;

doch haben sie kein lokales Zentrum, sondern bleiben wandernden *telestai* überlassen. Es gibt dementsprechend bemerkenswerte Abweichungen in Formulierungen und Vorstellungen der Verkündung, wahrscheinlich auch in der rituellen Praxis. Doch bleibt eine deutliche Familienähnlichkeit, die klar abgegrenzte Gruppen zu bilden kaum gestattet.

Einen zusätzlichen Blick auf die jenseitsbezogenen dionysischen *teletai* erlaubt die unteritalische Vasenmalerei des 4. Jahrhunderts v. Chr.: Die apulischen Vasen zeigen immer wieder in mancherlei Varianten dionysisches Glück im Kontext von Grabmonumenten und Grabkult. Oft wurden sie direkt für den Grabkult angefertigt – manche haben Löcher, waren also für praktischen Gebrauch ganz ungeeignet.[67] Standardszenen zeigen dionysische Riten am Grab mit den typischen Elementen wie Trauben, Tympana und Efeu; nicht selten ist ein großes Efeublatt ohne weiteren Bezug ins Bild gesetzt. Auch die Toten, die im Grabbau erscheinen, sind oft mit dionysischen Attributen ausgestattet – Thyrsos, Kantharos und Korb (*kiste*) mit Efeublatt. Überraschenderweise erscheinen auch Wasserbecken, die nicht selten dabeistehen, zusammen mit charakteristischen Schöpfbecken, wie man sie zum Bad verwendet – Embleme der ‹Reinigung›.

Ein 1992 neu aufgetauchtes Vasenbild, das nach Toledo, Ohio, gelangt ist,[68] zeigt eine einzigartige Szene: Zum Palast des Hades – *HAIDAS* steht sogar dabei – ist Dionysos gelangt, er reicht dem Totenherrscher die Hand. Dionysos wird von Mänaden begleitet, ausgestattet mit Tympanon und Fackel; auch hat er einen verspielten Pan-Knaben mitgebracht, der mit Kerberos dem Höllenhund spielt. Auch Hermes, Geleiter in die unterweltlichen Passagen, ist mit von der Partie. Ist das der ‹chthonische Dionysos›, Sohn der Persephone, der mit Dionysos-Mysterien in Verbindung gebracht wird? Er ist jedenfalls zugleich der Gott des rasenden Thiasos. Ein Mythos erzählt, daß Dionysos in die Unterwelt hinabging, um seine Mutter Semele aus der Unterwelt in den Olymp zu holen; dies wird mit den Mysterien von Lerna zusammengebracht.[69] Semele aber ist auf diesem Bild nicht zu identifizieren; doch ist Aktaion da, Aktaion der Hirsch, der zerrissen wurde, weil er Semele heiraten wollte, wie es bei Hesiod (Fr. 217A) heißt. Ist solcher Bezug zum Semele-Mythos gemeint? Jedenfalls gibt es für Dionysos keinen Schrecken der Unterwelt; er ist befreundet mit Hades und Persephone. «Sage Persephone, daß Bakchios selbst dich freigelassen hat», kann man eben darum dem eingeweihten Toten als Weisung mitgeben und ihn *symbola* des Gastfreunds lehren und vorweisen lassen. Selbst Kerberos verliert seine Gefährlichkeit. Man wird an einen eigentümlichen Passus bei Horaz erinnert, der in solcher Weise die Katabasis des Dionysos beschreibt: Kerberos leckte Dionysos freundlich Fuß und Schenkel.[70]

Weit populärer in der tarentinischen Vasenmalerei ist das Motiv des Orpheus in der Unterwelt. Es gibt mehrere Varianten eines umfassenden Unterweltsgemäldes, die wohl auf ein großes Tafelbild in Tarent zurückgehen.[71] Orpheus spielt die Leier vor Hades und Persephone, die Rückkehr Eurydikes zu erbitten, während die ganzen berühmten Insassen der Unterwelt sichtbar werden: Tantalos und Sisyphos, von Erinyen gepeinigt; die Danaiden; Kerberos, von Herakles gezügelt; seltsamerweise auch die Söhne der Medea. Einen Hinweis auf Mysterien bietet vielleicht eine Gruppe, die man die ‹glückliche Familie› genannt hat; sie strahlen Seligkeit aus, ohne daß ihnen eine mythologische Identität zuzuweisen ist. Es gibt daneben aber auch mehrere Darstellungen von Orpheus unter den Thrakern,[72] wobei wiederum Wasserbecken und Weihrauchständer inmitten der Barbaren überraschen; man kann es kaum anders verstehen: Sie deuten auf orphische Reinigung.

In diesem Zusammenhang ist ein eigentümliches, einzigartiges Monument aus diesem Corpus apulischer Vasen von Interesse:[73] Eine Herme markiert das Bildzentrum, eine Grenze; zur Rechten ein junger Mann mit Leier, er hält Kerberos an der Hundeleine zurück. Ein Jüngling mit einem alten Diener nähert sich der Grenze von links. Im oberen Register sehen wir einen Satyr sowie Hermes und Aphrodite. Daß der Leierspieler als Orpheus aufzufassen ist, auch wenn er keine phrygische Mütze trägt, darf angenommen werden. Daraus ergibt sich folgende Interpretation: Orpheus mindert den Schrecken der Unterwelt beim Überschreiten jener Grenze, bei der es kein Zurück mehr gibt. Wie Kerberos Dionysos gegenüber den Schrecken verlor, läßt er sich auch von Orpheus bändigen.

Eindeutiger noch ist ein Vasenbild, das seit 1974 Aufsehen erregt; es ist nach Basel gekommen:[74] Orpheus mit seiner Leier spielt hier nicht vor dem Palast des Hades, sondern vor einer gewöhnlichen Grab-Aedicula; im Inneren sitzt, würdig und gelassen, ein älterer Mann; er hält – und dies ist einzigartig – in seiner linken Hand eine Buchrolle. Deutlicher ließe sich kaum ausdrücken, was man orphische Jenseitshoffnung zu nennen hat: Der Tote ist glücklich dank dem Lied des Orpheus, das in einem Buch enthalten und mitzunehmen ist. Dies ist die direkteste Darstellung eines orphischen Buchs und seiner Bedeutung für das Glück im Jenseits, das man in der Ikonographie erwarten kann. An was für ein Buch der Vasenmaler gedacht haben mag – an die Theogonie des Orpheus, an einen Kommentar nach Art des Derveni-Buchs, an ein Ritualbuch wie den Gurob-Papyrus oder an einen Jenseitsführer ähnlich dem Hipponion-Blättchen –, dies freilich läßt sich nicht sagen; wir können ihm keinen Platz in den *Orphicorum Fragmenta* zuweisen.[75]

Man wird aus Ikonographie keine orphisch-italische Jenseitsreligion rekonstruieren können. Die Texte des Orpheus, Bücher, die im Umlauf waren, sind für uns restlos verloren. Das Bild des Orpheus charakterisiert im Corpus dieser Vasen jedenfalls nur einen kleinen Sektor aus dem großen Bereich des Dionysischen. Daß die gesamte bakchisch-dionysische Grabsymbolik, die sich auf den Vasen und auf vielen anderen Zeugnissen des Totenbrauchs findet, orphisch zu nennen wäre, ist demnach unwahrscheinlich. Orphik erscheint eher als eine elitäre Gruppe inmitten einer sehr viel weiteren und unbestimmteren ‹bakchischen› Kult- und Symboltradition. Bücher dürften sowieso eher den oberen Klassen zugänglich und zu eigen gewesen sein. Aber für die Art des Sprechens, Denkens und Zeigens im Bereich von Tod und Grab hat ‹das Dionysische› offenbar das maßgebende Paradigma geliefert. Dies steht in einem Zusammenhang mit den bakchischen Mysterien, und zwar seit dem sechsten Jahrhundert vor Christus.

In diesem ganzen Komplex gibt es einen Hinweis, der über diesen hinausführt und auf Älteres, Fremdes weist: In den Texten der Goldblättchen vom Hipponion-Typ findet sich jene Szene, als der dürstende Tote in der Unterwelt an den ‹See der Erinnerung› kommt; Wächter sind am See, und es bedarf des rechten Spruchs, um Wasser zu erhalten. Dies entspricht, wie man seit langem gesehen hat, recht genau einem – freilich nur einem – Kapitel des ägyptischen Totenbuchs samt der zugehörigen Vignette: Wasser, Wächter, und der entscheidende Spruch.[76] Dabei ist, vom Goldblättchen-Text her gesehen, das ägyptische Bild fast noch suggestiver als der ägyptische Text. Eine ganz wichtige Station auf dem ‹heiligen Weg› der Toten ist also vom Ägyptischen hergenommen. Der Spruch «Osiris gebe dir frisches Wasser» ist später in ägyptischem Ambiente vielfach bezeugt.[77]

Zur Bestätigung des ägyptisch-griechischen Kontakts findet sich sogar noch ein Zwischenglied: Es gibt neben den griechischen Goldblättchen auch phönikische Silberblättchen der gleichen Zeit, die in Gräbern deponiert und auch als Amulett getragen wurden; auch sie verweisen auf die ägyptische Jenseitstheologie, freilich nicht durch Texte, sondern durch Reihen von Götterbildern, Dekan-Bilder.[78] Man sieht, daß die Ägypter bei den mediterranen Nachbarn als die Experten für postmortalen Schutz gelten. Daß der griechische Dionysos ägyptisch ‹infiziert› ist und daß die aufs Jenseits ausgerichteten Dionysos-Mysterien zumindest in Einzelheiten vom Osiris-Kult beeinflußt sind, ist also gar nicht zu bestreiten.

Ob solche Mysterien mit der Ausrichtung auf die Sicherung eines jenseitigen Glücks bis in die Bronzezeit zurückgehen oder doch eher eine neuere Entwicklung darstellen, die man mit den ältesten Zeugnissen ins 6. Jahrhundert datieren würde, dies ist sehr viel schwerer zu sagen. Man kann darauf verweisen, daß selbst in Eleusis der eigentliche Mysterienkult, mit einem geschlossenen ‹Weihehaus› (*telesterion*), offenbar erst im 6. Jahrhundert seine Gestalt gewinnt; und es reizt, einen Zusammenhang mit der ‹Entdeckung des Individuums› im archaischen Griechenland zu entwerfen. Daß also ein seit alters bestehender Dionysos-Kult seine Jenseits-Orientierung durch ägyptischen Impuls erhalten hat, daß, um mit Herodot zu sprechen,[79] nach dem ursprünglichen Stifter des Dionysos-Kultes ein ägyptisierender ‹Weiser› – ein Orpheus –

eine Reform vollzog, daß in diesem Sinn ein orphisch-ägyptischer Dionysos einen alten mykenischen Dionysos überlagert hat, dies läßt sich als These vertreten, auch wenn genaue Dokumentation aus dem 6. Jahrhundert bisher fehlt.

Dies heißt nicht, daß die sich in den Goldblättchen manifestierenden Dionysos-Mysterien schlichtweg aus dem Ägyptischen importiert sind. Einige Indizien scheinen auch auf Iranisches zu weisen[80] – dies müßte in die zweite Hälfte des 6. Jahrhunderts führen, als Ionien Kyros dem Eroberer unterlag; man hat auch schon einen hethitischen Text herangezogen.[81] Wenn demnach eine Art Synkretismus in der dionysischen Mysterienreligion sich darstellt, braucht dies nicht zu verwundern. Wandernde *mágoi* und die ‹Weihepriester für Dionysos› konnten sehr wohl wirksame Elemente der Verkündigung oder Ritualistik voneinander übernehmen. Es war allerdings sehr viel später, als der ‹Magier› Simon von Petrus dessen Wunder-Macht zu erwerben versuchte (Act. Apost. 8,9–24).

Der Papyrus von Derveni, verkohlt erhalten im Scheiterhaufen eines reichen makedonischen Grabs, das um 330 datiert wird, dürfte als Buch um 420/400 verfaßt sein. Was der Text zitiert, ist älter. Die zunächst vorgeschlagene Bezeichung als eines ‹vorsokratischen Kommentars zur Theogonie des Orpheus›[82] trifft, wie sich gezeigt hat, nicht das Buch in seiner Gesamtheit. Die Anfangskolumnen sind allgemeineren Inhalts, sie sind jedoch äußerst bruchstückhaft erhalten; hier kann die Interpretation über tastende Versuche oft kaum hinausgelangen. Es ist von religiösen Praktiken überhaupt die Rede, die ‹wir› oder auch ‹die Magier› ausführen. Ein Titel wie *Über Weihen* (*Peri Teletôn*) läge nahe.[83] Sicher und sensationell ist, daß in der vierten Kolumne Heraklit mit Namen und mit zwei seit je bekannten, berühmten kosmologischen Sätzen (B 3, B 67) zitiert wird. Die Kommentierung des Orpheus-Gedichts setzt in der siebten Kolumne ein. Der Derveni-Text wird in Philodems Buch *Über die Frömmigkeit* zitiert, offenbar über Philochoros und Apollodoros.[84] Es handelt sich also nicht um ein marginales Erzeugnis, sondern um ein normales Buch der griechischen Literatur.

Die faszinierenden und kuriosen vorsokratischen Gedankengänge und Argumentationen des Verfassers sind hier nicht zu analysieren. Er kennt offenbar vor allem, neben Heraklit, Anaxagoras und Diogenes von Apollonia, vielleicht auch Leukippos und/oder Demokritos. Auch seine Theorie der Allegorese, der Verrätselung und Lösbarkeit der ‹ehrwürdigen› Dichtung des Orpheus durch Umsetzung in eine vorsokratische Axiomatik soll hier nicht dargestellt werden. Behandelt wird jetzt nur die Theogonie des Orpheus, die dank diesem Text in ganz neuen Testimonien und Fragmenten faßbar wird; sie muß nach Bezeugung und Verwendung durch den vorsokratischen Autor mindestens aus dem 5., eher aus dem 6. Jahrhundert v. Chr. stammen.

Vorausgesetzt ist in der folgenden Interpretation, daß der kommentierende Autor normalerweise dem Hexametertext folgt, den er zwar vor Augen hat, sich aber nicht verpflichtet sieht, Vers für Vers zu paraphrasieren: Er kann sicher auch ganze Versgruppen überspringen. Die Rekonstruktion des Orpheus-Gedichts, die Martin West mit bewährter Kennerschaft in der Weise angelegt hat, daß sie fast ganz und damit nur aus den Versen unserer fragmentierten Exzerpte besteht,[85] dürfte insofern eine drastische Verkürzung des Originals sein.

Den Anfang macht die Aufforderung zur Geheimhaltung; sie erfolgt mit einem seit je bekannten, berühmten Vers, auf den auch Platon anspielt: «Singen will ich für die, die es verstehen; schließt die Türen, ihr Ungeweihten.»[86] Dann setzt die eigentliche Theogonie ein: Erste kosmische Gottheit ist die ‹Nacht›. Dies entspricht den Zeugnissen von Aristoteles und Eudemos. Uranos der ‹Himmel› wird dann zum ersten ‹König›; er ist der Sohn der Nacht: «Uranos, Sohn der Nacht, der als erster König wurde.»[87] Orpheus entfernt sich damit von Hesiod, für den Uranos der ‹Himmel› ein Sohn der Erde (Gaia) ist und erst Zeus zum ‹König› berufen wird. Uranos als ‹erster König› entspricht aber auch dem berühmten Zeugnis des Olympiodor, das mit der Erschaffung der Menschen aus dem Ruß der Titanen endet.[88]

Im weiteren stimmt dann Orpheus mit Hesiod überein: «Von ihm», Uranos, stammt «hinwiederum Kronos, dann aber der ratsinnende Zeus»[89]. Kronos begeht eine «große Tat» gegen Uranos, und er nimmt ihm das Königtum (Kol. 14[10],5). Ohne Zweifel geht es um eine Kastrationsgeschichte, ganz wie bei Hesiod, auch wenn im Gegensatz zu Hesiod offenbar keine Schaumgeburt der Aphrodite erfolgt. Später hat dann Zeus die Nachfolge des Kronos übernommen. Zeus «hörte die Orakel von seinem Vater» (Kol. 13[9],1), er begab sich in das unbetretbare Heiligtum (*adyton*) der Nacht, «die ihm alle Orakelsprüche gab, was ihm zu vollenden bestimmt war» (Kol. 11[7],10], «wie er herrschen würde auf dem schönen Sitz des beschneiten Olympos» (Kol. 12[8],2).

Daß Zeus die Orakel gehört hat, führt zu einer fast unglaublichen Tat: «Er verschluckte den Phallos (des Königs), der als erster den Himmelsglanz ejakuliert hatte.»[90] So versteht es jedenfalls der kommentierende Autor. Er verbreitet sich über den kosmogonischen Sinn des skandalösen sexuellen Aktes und Wortgebrauchs: Es gehe um die Quelle allen Werdens (Kol. 13[9]), das Menschen in solchem Akt erkennen; gemeint sei hier speziell die Sonne im Zentrum der Welt und des Weltgottes.

Diese Interpretation und Übersetzung ist umstritten. Sowohl *aidoion*, ‹Phallos›, als auch *ekthore*, ‹ejakulierte›, lassen andere Bedeutungen zu; *aidoion* ist in der epischen Sprache normalerweise ein Adjektiv, das ‹achtunggebietend› heißt. So hat Martin West eine andere Kombination der Versstücke vorgeschlagen, die eben diese Bedeutung ergäbe: «Und den machtvollen Daimon, den achtunggebietenden, verschluckte er, der als erster ins Licht gesprungen war.»[91] Das sollte sich auf den in der späteren Theogonie bezeugten Gott Phanes, wenn nicht auf Uranos beziehen. Der Vorschlag hat beachtlichen Erfolg gehabt; doch verstößt er in doppelter Weise gegen das, was der interpretierende Autor sagt: Nicht nur, daß dieser vom Phallos spricht, er zitiert auch die zwei Worte vom ‹mächtigen *daimon*› zweimal in einer Weise, die über die Syntax, wie er sie versteht, keinen Zweifel läßt: «Zeus nahm die Herrschaft in die Hand und den mächtigen Daimon.»[92] Was immer man vom Autor von Derveni halten mag, er schrieb als Grieche für ein Publikum von Griechen über einen keineswegs unbekannten griechischen Text, der vollständig vorlag. Daß er sich ein so willkürliches Spiel mit Syntax und Semantik leisten konnte, den ‹Phallos› des ‹Königs› zu erfinden, ist unglaubhaft.

Orpheus' Mythen waren skandalös. Im Proömium des Diogenes Laertios (1,5) ist davon die Rede, daß Orpheus den Göttern alles Mögliche «angehängt hat, auch das, was gewisse Leute an Schändlichem vollführen mit dem Organ der Stimme», oral-genitale Akte also. Der Autor von Derveni steht also nicht allein mit seinen Phantasien.

Im folgenden Relativsatz hat man «er sprang in den Aither» übersetzt, mit einer ungewöhnlichen, doch nicht unmöglichen Akkusativkonstruktion. Beachtet man jedoch, wie der lückenhafte Text der nächsten Kolumne[93] den früher angeführten Vers offenbar aufgreift, mit einem gewichtigeren, ausführlicheren Akkusativ – «den strahlendsten und weißesten», eben den Aither –, muß man doch wohl im Vers den normalen Akkusativ anerkennen, ‹springen› also als ein transitives Verbum verstehen. Dies ist in der Tat belegt: «Monstren im Bespringen zeugen» taucht in einem Fragment des Aischylos auf, wobei zur Paraphrase ein entsprechendes Prosaverbum gebraucht wird (*ekthorizôn*), das unsere Lexika vornehm übersehen haben. Der Derveni-Autor selbst zitiert an anderer Stelle aus Orpheus das Wort *thornei*, ‹durch Bespringen› (?), in sexuellem Sinn.[94]

Welchen Phallos jedoch sollte Zeus verschluckt haben?[95] Hier bleiben wir, angesichts der Lücken des Textes, auf unsere Phantasie angewiesen. Immerhin, ein Kastrationsakt ist vorangegangen, und der Phallos des Himmelsgottes ist offenbar nicht ins Meer geworfen worden, wie bei Hesiod. Der interpretierende Autor belehrt uns, daß der Phallos, von Zeus als der allumfassenden ‹Luft› ‹verschluckt›, zur Sonne geworden ist. Derjenige, der «als erster den Aither-Glanz ejakuliert hatte», «den glänzendsten und weißesten», kann nur Uranos gewesen sein, der nachmals kastrierte. Insofern kann dann Kronos auch der Sohn des Helios heißen (Kol. 14[10],2).

Wenn demnach laut Orpheus der Phallos des Himmelsgottes von einem anderen Gott verschluckt wird, ist dies natürlich nicht zu trennen vom berühmten hethitischen Text über das *Königtum im Himmel.*[96] Dort ist es Kumarbi, der damit gegen Anu, den ‹Himmel›, rebelliert; infolge davon ist er dann schwanger geworden mit dem ‹Wettergott› und mit zwei mächtigen Flüssen. In der Tat folgt Orpheus dem hurritisch-hethitischen Modell auch darin, daß Zeus nun Quellen und Flüsse in sich trägt.

Der Sukzessionsmythos hat auf irgendeinem Weg Hesiod erreicht, bei dem jedoch Zeus mit der Kastration des Uranos nichts direkt zu tun hat; ein Verschlucker freilich ist Zeus auch bei Hesiod; er verschluckt *Metis*, die ‹Klugheit›, um sie im Bauche stets verfügbar zu haben.[97] Dies ist kaum erstaunlicher als die anderen Versionen, nur daß unsere Gewöhnung den klassischen Text entschärft hat. Die Theogonie des Orpheus steht also in einem Detail der Kumarbi-Version näher als Hesiod. Vielen mag dies unbehaglich erscheinen, weshalb Wests Manipulation des Textes gern akzeptiert wurde. Immerhin aber kann man auf ein merkwürdiges Detail in der späteren orphischen Überlieferung verweisen: Dort taucht eine ‹Meter Hipta› auf, die als Helferin bei der Schenkelgeburt des Dionysos und als Trägerin und Amme des Dionysoskindes agiert; es ist seit langem anerkannt, daß in ihr die hurritische Große Göttin Hepat fortlebt, die schon bei den Hethitern Partnerin des Wettergottes ist.[98] Auch hier fassen wir Altkleinasiatisches, das gerade in die ‹orphische› Mythologie hineinreicht.

Daß jedoch der Gott des Anfangs, Uranos, «als erster den Aither ejakuliert hat», muß vor allem an anderes erinnern: Es ist eindeutig ägyptisch. Die Hauptüberlieferung der ägyptischen Kosmogonie fängt damit an, wie aus dem Ur-Wasser Nun eine Insel hervortritt; auf ihr nimmt der Urgott Atum Platz, und der Gott in seiner Einsamkeit masturbiert, er ejakuliert Shu und Tefnut. Shu ist lichte Luft, Tefnut seine Zwillingsschwester; Himmel und Erde werden dann ihre Kinder sein. Das grob sexuelle Motiv ist für die Ägypter selbst zum Problem geworden; die direkteste Formulierung steht in den Pyramidentexten; später wird der Vorgang umgedeutet, es ist dann auch vom ‹Ausspeien› die Rede.[99] Immerhin ist kurz vor 700 von Pharao Shabako ein alter kosmogonischer Text auf einer Statue neu und gleichsam monumental publiziert worden, das *Denkmal memphitischer Theologie*.[100] Sabakos ist der erste Pharao der Spätzeit, dessen Namen Herodot kennt.[101] Der Text spricht von den Fingern und dem Phallos, neben jenen anderen Bildern. Was der ‹Orpheus› der alten Theogonie gelehrt hat, ist in diesem Detail ganz offenbar aus dem Ägyptischen entlehnt. Eben damals waren kosmogonische Spekulationen in Ägypten neu aufgegriffen worden, wie jenes *Denkmal* aufs deutlichste beweist.

Zurück zu Orpheus: Er fährt damit fort, daß Zeus durch diesen Akt des Verschluckens zum ‹Einzigen› geworden ist, der nunmehr alle Götter in sich trägt und die ganze Welt durch planendes Denken hervorbringen kann. Dies ist in der Tat das interessanteste Zitat aus der Theogonie des Orpheus (Kol. 16[12],3–6):

> «... aus dem Phallos des erstentstandenen Königs; ihm aber wuchsen alle
> Unsterblichen an, die seligen Götter und Göttinnen,
> und die Flüsse und die lieblichen Quellen,
> und alles andere, was damals entstanden war; er selbst aber wurde der einzige.»[102]

Nur in dieser Fassung, die der Derveni-Text gebracht hat, findet sich diese besondere Verkündigung der ‹Einzigartigkeit› des Zeus. «Er wurde der einzige» (*mounos egento*) – hier klingt das später so wirkungsvolle Wort vom ‹eingeborenen› Gott an, dem *monogenes*. Besonders seltsam aber ist dieses ‹Anwachsen› aller unsterblichen Götter. Versucht man sich dies vorzustellen, wird man wiederum nach Ägypten verwiesen: Eben im 6. Jahrhundert, zur Zeit der 26. Dynastie, kommt es in Ägypten auf, eine Vielzahl von Göttern in einer einzigen Figur zusammenzufügen. So grotesk dies auf uns wirkt, die theologische Idee von der Einheit der Vielheit findet so ihren offenbar einleuchtenden Ausdruck.[103] Der Text des Orpheus ist sozusagen die Verbalisierung dieser ägyptischen Idee vom Komposit-Gott. Aus griechischem Material ist nichts ähnlich Suggestives beizubringen. Wohl aber gibt es auch in assyrischen Hymnen spekulative Verschmelzung von vielen Göttern zu einem einzigen.[104]

Die spätere *Rhapsodische Theogonie* des Orpheus enthält einen entsprechenden Passus (OF 21a, vgl. 167), in dem aber gerade der Komposit-Gott fehlt. Auch dort ist Zeus der Verschlucker, der den Phanes, den ursprünglichen König, verschluckt hat und damit ‹alles verbirgt›,

> «Alles hat er verborgen und hat es dann wieder ans freudenreiche Licht
> aus seinem heiligen Bauch heraufgebracht, klug Bedachtes vollbringend.»

Dabei geht es, wie ein anderes Zitat ergänzt, um

> «die Flüsse und das unendliche Meer, und alles andere,
> alle die unsterblichen, seligen Götter und Göttinnen,
> und was damals entstanden war und was später entstehen sollte ...»[105]

Da ist ein ganzer Passus der Derveni-Theogonie ganz ähnlich wiederholt und doch verändert. Der Zeus-Hymnos wird in dieser späten Fassung dann erweitert zur Schilderung eines Weltgottes als Riesenfigur, zusammengesetzt aus den Teilen der Welt.[106] Der Komposit-Gott ist so in neuer, realitätsbezogener Weise visualisiert.

Die Fortsetzung der Theogonie des Orpheus nach dem Derveni-Papyrus ist nur kurz zu resümieren. An die Prädikation des ‹Einzigen› schließt ein Zeushymnos an, der Zeus als Anfang, Mitte und Ende, als den ersten und letzten, den König im Blitzstrahl preist:[107]

> «Zeus wurde der erste, Zeus der letzte im Glanz des Blitzes,
> Zeus der Anfang, Zeus die Mitte, von Zeus her ist alles vollendet,
> Zeus der König, Zeus der Herrscher von allem ...»[108]

Hier liegt die spätere Überlieferung ihrerseits in doppelter Form vor, in einer kürzeren Fassung, zitiert in der aristotelischen Schrift *Von der Welt* (401a25 = OF 21a), und in einer längeren, dem Porphyrios vorliegenden Version (OF 168). Pseudoaristoteles hat ohne Zweifel das Ältere; ob dies mit der Derveni-Fassung identifiziert werden kann, bleibt ungewiß, denn es gibt bei Pseudoaristoteles zusätzliche Verse, von denen im Derveni-Text keine Spur zu finden ist. Sind also drei Stadien der Theogonie des Orpheus zu fassen? Offen bleibt auch, inwieweit Platons andere Zitate orphischer Verse sämtlich auf die Derveni-Theogonie zielen.[109]

Der Gott, der der Einzige ist, erschafft die Welt mit seinem Denken: «er erdachte» (*mesato*).[110] Dies geht mit Parmenides (B 13) zusammen, wie man gleich gesehen hat. Doch wiederum hat dies sein Gegenstück im Ägyptischen. Daß der Gott ‹sich selbst› erschafft und auch ‹alles›, ist alte ägyptische Theologie. Zu verweisen ist aber vor allem nochmals auf das *Denkmal memphitischer Theologie*. Der Text feiert Ptah als den einen, der mit ‹Herz und Lippen› die Götter hervorbringt, d. h. durch Denken und Aussprechen.[111] Die Ejakulation, der Komposit-Gott, das Schaffen im ‹Denken› – so viel Ägyptisches bei Orpheus mag fast als unheimlich erscheinen. Es ist aber Stück für Stück aus den Quellen zu belegen.

Die letzte Kolumne des Derveni-Papyrus scheint ein neues Thema einzuführen: Zeus «vereinigt sich in Liebe mit der eigenen Mutter». Nach der später bezeugten Mythologie müßte dies zur Geburt der Persephone und dann, durch weiteren Inzest, zur Geburt des ‹chthonischen Dionysos›, des Sohns von Zeus und Persephone, führen. Diesen chthonischen Dionysos, den das späte Dionysos-Epos des Nonnos Zagreus nennt, und dessen Schicksal hat die mit Orphik befaßte Forschung als den eigentlichen Kernpunkt der orphischen Lehre genommen: Dionysos wird als Kind von Zeus zum Weltenkönig eingesetzt, dann von den Titanen verführt, getötet, zerrissen und verspeist; Zeus tötet die Titanen mit seinem Blitz, und aus dem aufsteigenden Ruß bilden sich die Menschen. Dies steht vor allem in einem Text des Platonkommentators Olympiodor, im 6. Jahrhundert n. Chr., der sich dabei auf den andeutenden Ausdruck *phroura* in Platons *Phaidon* bezieht. «Bei Orpheus ist von vier Königsherrschaften die Rede: zuerst die Herrschaft des Uranos, dem Kronos folgte, der Uranos kastrierte; nach Kronos wurde Zeus König, der den Vater in den Tartaros warf;

dann folgte auf Zeus Dionysos», mit der Geschichte vom gestürzten Kinderkönig.[112] Im Buch von Derveni kam all dies nicht vor. Der Text endet nach Kolumne 26 mit einem leeren Blatt. Ob eine zweite Rolle folgte, ob der Autor abrupt abbrach, wissen wir nicht. Es ist immerhin wichtig, daß das System der vier Königsherrschaften zu der vom Derveni-Autor behandelten Theogonie paßt: Hier erscheint Uranos als «erster König», gefolgt von Kronos und Zeus; es widerspricht der *Rhapsodischen Theogonie,* in der die ‹Nacht› und dann der geheimnisvolle Phanes schon vor Uranos die Königsherrschaft innehaben. Daß die Platon-Kommentierung das Alte bewahrt hat, ist möglich; radikale Skepsis gegenüber der von Olympiodor berichteten Anthropogonie bleibt aber bis auf weiteres ebenso möglich.[113] Festzuhalten ist, daß für die Entstehung der Menschen aus dem Tod eines rebellischen Wesens wesentlich ältere Texte existieren – in der akkadischen kosmogonischen Dichtung, vor allem in *Atrahasis* und *Enuma elish*.[114]

Die Frage nach der Datierung der orphischen Theogonie war in den Kontroversen um die Orphik besonders umstritten geblieben. Otto Kern, der spätere Editor der *Orphicorum Fragmenta,* hatte in seiner Dissertation (1888) die ganze orphische Theogonie kühn ins 6. Jahrhundert v. Chr. gesetzt. Jetzt sieht man klar, daß zu differenzieren ist. Es ist jetzt nicht nur endgültig bewiesen, daß es eine Umarbeitung dieser Texte im Laufe der Zeit gab, sondern auch, daß eine Theogonie des Orpheus bereits einem um 400 v. Chr. schreibendem Autor vorlag. Sein gewaltsam allegorisierender Umgang mit dem rein mythisch-poetischen Text weist darauf, daß dieser wesentlich älter war.

Darauf weisen aber vor allem die Beziehungen zu Parmenides, die sich jetzt zeigen. Man konnte früher schon Beziehungen sehen zwischen dem Proömium des Parmenides, der Fahrt durchs Tor von Nacht und Tag, und dem Weg des Zeus zur Grotte der Nacht in dem in den orphischen Fragmenten bezeugten Mythos.[115] Jetzt ist diese Episode direkt für die alte Theogonie des Orpheus bezeugt (Kol. 10–13[6–9]). ‹Orpheus› dürfte demnach älter sein als Parmenides. Jener originelle Vers des Orpheus spricht davon, wie Zeus ‹der einzige wurde› (*mounos egento*, Kol. 16[12],6), was die kontroverse Lesart *mounogenes* bei Parmenides (B 8,4) stützt und die gleiche Abhängigkeit anzeigt. Was man oft als Besonderheit des Parmenides betont hat, daß er in seiner Theogonie die alles durchwaltende Göttin den Eros ‹sich ausdenken› läßt (*metissato* B 13), Schöpfung als planendes Denken, ist jetzt gleichfalls in der Theogonie des Orpheus vorgegeben, samt ihrem ägyptischen Hintergrund (*mesato* Kol. 23[19],4). All dies bestätigt, daß Parmenides den ‹Orpheus› voraussetzt. Dieses Gedicht ist damit fest ins 6. Jahrhundert datiert. Es handelt sich dabei nicht um das Werk, das weit später Proklos las und kommentierte und das die meisten der von Kern in *Orphicorum Fragmenta* gesammelten Zeugnisse geliefert hat; die *Rhapsodische Theogonie* ist vielmehr eine variierende Erweiterung der alten Derveni-Theogonie. Gewiß hat jedoch Platon diesen Text gekannt, so gut wie Aristoteles und Eudemos. Wie lange er gelesen wurde, bleibt indes unklar. Ein Zitat taucht in Homerscholien auf, vielleicht nach Krates von Pergamon.[116] In Diodors Angaben über Orpheus sucht man vergebens Reflexe unserer Theogonie. Seine Darstellung ist wohl aus verschiedenen Quellen inspiriert und steht vor allem im Schatten Herodots.[117]

Es bleibt verwirrend viel an Lücken und Unklarheiten. Über Intention und Hintergrund, über den ‹Sitz im Leben› dieses Orpheus-Gedichtes im Rahmen der griechischen Archaik wird man weiterhin rätseln; auch über den Autor des Derveni-Buches selbst, der immerhin in zahlreichen ausführlicheren Passagen faßbar ist, wird man weiter diskutieren, was seine Gesamtabsicht und die geistesgeschichtliche Stellung seines Werkes anbelangt. Aber der begründete Gesamteindruck ist der, daß das theogonische Gedicht des Orpheus, neben Hesiod, wie in einer Sammellinse andere ältere, östliche Motive vereint hat, Akkadisches, Hethitisches, vor allem aber Ägyptisches, das für das eigentlich religiöse Anliegen sogar am bedeutendsten war.

Merkwürdigerweise kommt man damit wieder auf Herodot zurück, insbesondere auf einen vielbeachteten Text, einen Grundtext für das ‹Orphische›: Herodot vergleicht das ägyptische Verbot, Wollgewänder in Heiligtümern oder beim Begräbnis zu verwenden, mit einer griechischen Ritualvorschrift. «Dies stimmt überein mit dem, was orphisch und bakchisch genannt wird, (in Wirklichkeit) aber ägyptisch und pythagoreisch ist; denn auch wer an diesen *orgia* teilhat, darf nicht in wollenen Gewändern begraben werden.»[118] Das ‹Orphisch-Bakchische› geht also zusammen mit ‹Orgien›, an denen man ‹teilhaben› kann: Herodot hat Mysterienriten im Auge mit den zugehörigen Tabus.[119] Ihre Bestimmung als ‹ägyptisch und pythagoreisch› muß dann meinen, solches sei durch Pythagoras aus Ägypten mitgebracht worden. Herodot bestätigt also, daß es zu seiner Zeit Personen gibt, die ‹teilnehmen› an ‹Orgien›, die bakchisch und orphisch heißen und mit ihren Bräuchen Bezug nehmen auf den Tod und das, was nach dem Tode kommt; und sie folgen damit Ägyptischem. Nach Herodot kann das Ägyptisch-Orphische zugleich pythagoreisch sein; auf die besondere Rolle der ‹Erinnerung›[120] in den Goldblättchen hat man in diesem Sinn mehrfach hingewiesen. Die Herkunft des Dionysos-Kultes aus Ägypten behauptet Herodot auch an anderer Stelle (2,49,1); er hält auch die Seelenwanderungslehre für ägyptisch (2,123). Wenn er dabei zwei sukzessive Phasen der Übernahme des Dionysos-Kultes unterscheidet (2,49,1), erst durch Melampus, dann durch spätere ‹Sophisten›, möchten wir gerne das Orphische als die spätere, maßgebend von Ägypten beeinflußte Form eines bakchischen, d. h. dionysischen *orgia*-Kultes fassen. Herodot weiß mehr, als er uns mitteilt (2,123,3), doch können wir, was er verschweigt, nicht erraten. Wir unsererseits verfügen jetzt über neues, zusätzliches Wissen – und es verträgt sich mit den herodoteischen Vorgaben doch erstaunlich gut.

V. Persien und die Magier

Mit der Eroberung von Sardes (547 v. Chr.) hat sich unversehens das persische Reich der Achämeniden etwa ein Drittel der griechischen Welt eingegliedert, und zwar eben jenen Teil, der wirtschaftlich, geistig und künstlerisch an die Spitze der griechischen Entwicklung gelangt war. Die persische Herrschaft dauerte rund 200 Jahre, also etwa sechs Generationen lang.[1] Nicht nur, daß jeder Grieche wußte, was ein Satrap war; der Titel *Basileus*, ‹König›, wurde für den Herrscher wie ein Eigenname gebraucht – wie dies bis vor wenigen Jahrzehnten auch für den ‹Schah› von Persien galt. Welches aber war der kulturelle Ertrag dieser langen Koexistenz? Nicht der geringste, scheint der Klassizist anzunehmen.

Gern nimmt man die bedeutsamen Beweise für den umgekehrten Einfluß zur Kenntnis, von Griechenland in Richtung Orient: Griechische Bildhauer waren beauftragt, die Reliefs von Persepolis zu schaffen, jener Palaststadt des Königs Dareios[2] – dieses Faktum bezeugt nicht nur der Stil der dortigen Skulpturen, sondern auch inschriftliche Zeugnisse nennen die Ionier in diesem Zusammenhang. Der *Basileus* führte Münzgeld nach dem Vorbild der Lyder und Griechen ein, zumindest für den westlichen Teil seines Imperiums. Seine Goldmünzen mit dem Bild des Bogenschützen waren als *Dareikoi* bei den Griechen bekannt und begehrt. Schon damals scheint sich zu ereignen, was viel später Horaz (ep. 2,1,156) von der anderen Seite her formulierte, *Graecia capta ferum victorem cepit et artes intulit* – genauer müßte man freilich *Ionia capta* sagen. Der umgekehrte Einfluß, vom Gipfel der Macht auf die Bevölkerung im allgemeinen und auf ihre Wortführer, wird allerdings kaum ausgeblieben sein, damals so wenig wie später.

Allerdings war die Kulturbegegnung gewiß ein komplexer Vorgang, in dem vor allem Lydien als das eigentlich vermittelnde Glied zu beachten wäre. Dabei wissen wir über Lydien noch immer nur ganz wenig.[3] Lydien wurde die erste Eroberung des aus Iran vorstoßenden Eroberers, und zwar schon im Jahre 547; so könnte Sardes das erste Vorbild einer Königsstadt für Kyros gewesen sein. Erst Jahre später nahm Kyros Babylon ein (535) und trat damit ausdrücklich die Nachfolge der assyrisch-babylonischen Monarchie an. Der von Kroisos begonnene Tempel der Artemis zu Ephesos wurde unter persischer Hoheit vollendet.

Gewiß, die Griechen hatten damals, um 547 v. Chr., ihrerseits ein fast einzigartiges Niveau der Kultur erreicht; praktisch alle die vielgestaltigen Völker am Mittelmeer und noch darüber hinaus begannen, Griechisches in der einen oder anderen Form nachzuahmen – Bildhauerkunst, perfekte Keramik erst im schwarzfigurigen, dann im rotfigurigen Stil, dazu auch die Mythologie, die oft mit den Vasenbildern zusammenging, aber auch die Wein- und Symposienkultur verbreiten sich nach Westen, Norden und Süden. Auch neue Technologien wurden gerade damals im ionischen Bereich entwickelt: der Bronze-Hohlguß, der Tunnelbau – von zwei Seiten zugleich geführt nach präziser geometrischer Vermessung –, bald dann auch die Bosporos-Brücke für Dareios. Wohl zuvor schon hatte Dareios Skylax, den Griechen aus Karien, nach Indien segeln lassen. Skylax beschrieb auf griechisch auch die Küsten der Ägäis.

Heißt dies, daß die Griechen ihrerseits immun waren gegen Anregungen von außerhalb, auch von seiten der militärisch und administrativ Überlegenen? Dies wäre verwunderlich. Eher kann man vermuten, daß nach dem großen Konflikt, nach den Perserkriegen eine tendenziöse Auswahl das griechische Selbstbewußtsein bestimmt hat. Nach 479 erschien ‹Asien› als der entscheidende Gegner von ‹Hellas›, wobei man vom Mutterland aus sogar bereit war, die Ionier den Asiaten zuzurechnen. Das Bewußtsein der Trennung überlagerte die Kulturgemeinschaft, die doch bestanden hatte; dieses Bewußtsein sollte die Nachwelt bestimmen.

Der Tendenz griechischer Sicht – die durchaus ihre eigene Gegen-Tendenz hervorbringen konnte, das *mirage oriental* – kann man nur entgehen, wenn es gelingt, über die griechischen Zeugnisse hinaus die Perspektive der anderen Seite zu erfassen. Auch hier also ist von den nicht-griechischen Quellen auszugehen. Dies allerdings erweist sich als schwieriger als im Bereich der Keilschriftkultur oder des Sonderfalls Ägypten. Die Überlieferung ist gerade hier nicht nur ausgesprochen lückenhaft, sondern ungewöhnlich kompliziert – daher hier eine kleine Einleitung:

Es gibt eine Tradition altiranischer Religion, die bis heute lebendig ist, mit eigener Sprache und eigener Schrift, Mazdaismus oder Zoroastrismus benannt, nämlich die Religion Zarathustras; sie findet sich bei den Parsen vor allem in Bombay. Die Sammlung ihrer heiligen Schriften heißt Avesta. Dies sind ohne Zweifel sehr alte, authentische Quellen, die doch der eigentlich wissenschaftlichen, historischen Erschließung rechten Widerstand entgegensetzen.

Die erste Begegnung Europas mit diesen Texten hatte einen kuriosen Effekt. Aus den griechischen Quellen hatte man ein Idealbild von Zoroastres gewonnen, einem der ältesten ‹Weisen› des Ostens mit metaphysischen, astrologischen, magischen Lehren; als Zarastro italianisiert erscheint er mit seinem Zirkel von Eingeweihten in Mozarts *Zauberflöte*, um aufgeklärte Humanität zu verkünden: «Wen solche Reden nicht erfreun, verdienet nicht ein Mensch zu sein.» Als dies in Wien zum ersten Mal erklang, 1791, waren gerade 20 Jahre vergangen, seit der eigentliche Zarathustra in Paris bekannt geworden war: Anquetil-Duperron hatte Handschriften des *Avesta* und anderer iranischer religiöser Texte aus Bombay nach Paris gebracht und begann mit Übersetzung und Druck.[4] Die gebildete Welt aber war entsetzt: statt edler Weisheit kaum verständliche Sätze aus einer völlig fremden Welt. Authentizität muß nicht attraktiv sein. Die Freunde Zarastros dürften bis heute zahlreicher sein als die Spezialisten des Avesta.

Wie aber sind diese Texte zu verorten und zu datieren? Was hat das Avesta mit dem Achämenidenreich zu tun? Die Schriftzeugnisse für dieses enorme Imperium seinerseits sind unglaublich spärlich. Dies ist nicht Zeichen der Rückständigkeit, sondern Folge des Fortschritts; denn die Verwaltung ging definitiv von den Tontafeln zu den weniger dauerhaften Beschreibstoffen wie Lederrollen, Wachstafeln und Papyrus über, unter Verwendung der aramäischen Sprache und Schrift. Es gab eine Bibliothek von Lederrollen in Persepolis, die in dem von Alexander ausgelösten Brand des Palastes unterging. Doch auch ohne diesen Vandalenakt hätten die modernen Schriftträger nach dem Fall des Reichs nur minimale Erhaltungschancen gehabt. Wir kennen das Achämenidenreich aus hebräischen und griechischen Texten; direkte Dokumente liegen in Keilschrifttäfelchen vor, akkadisch und besonders auch elamisch – die Sprache von Susa; so gibt es weit über 1000 ‹Persepolis-Täfelchen›, durchweg kurze Finanz- und Speise-Quittungen, aus denen aber keine Geschichtsschreibung und keine Geistesgeschichte zu gewinnen ist. Sonstige akkadische Texte der Perserzeit stammen meist von noch bestehenden Tempeln. Dort war man mit eigenen Angelegenheiten beschäftigt und hatte wenig Interesse am Reich als solchem. Es gibt ganz wenig eigentlich historische Erzählung, und es gibt kein Dokument über Verhandlungen mit den Griechen und über die Perserkriege. So bleibt eine Handvoll Texte in Keilschriftpersisch, königliche Deklarationen; Dareios hatte nämlich eigens eine Form der Keilschrift entwickeln lassen, um in seiner Sprache seine Taten festzuhalten. So existiert das einzigartige Dokument der Felsinschrift von Behistun, *Bagastana* – ‹Stand der Götter›, wo Dareios im Angesicht des Himmels in drei Sprachen von seinem Königtum Kunde gibt.[5] Darüber hinaus wurde diese Keilschrift nur ganz selten verwendet; sie hatte gegen das Alphabet keine Chance.

Daneben steht nun, in einer anderen, ostiranischen Sprache, die Religion Zarathustras. Diese Religion hatte ihre Glanzzeit erst im neupersischen Reich der Sassaniden, vom 3. bis zum 7. Jahrhundert n. Chr.; damals war sie Staatsreligion, damals erst wurde offenbar aus dem Aramäischen die spezielle Avesta-Schrift zur Fixierung der heiligen Bücher entwickelt, eine sehr genaue Fixierung dieser Sprache in all ihren phonetischen Details. Es handelt sich zweifellos um eine altiranische Sprache mit gut indogermanischer Grammatik, dem ‹Keilschriftpersisch› verwandt und doch von ihm getrennt; der Stamm *arta-*, in etwa ‹Ordnung› – vgl. griechisch *artios* –, der in persischen Namen wie Artaxerxes und Artabanos auftritt, erscheint avestisch als *Asha*, Name einer der höchsten göttlichen Mächte. Deutlich ist ferner, daß die avestische Sprache in zwei

Schichten vorliegt, einer älteren und einer jüngeren; die alte Form beschränkt sich im wesentlichen auf die ‹gesungenen Strophen›, die *Gathas*. Sie können als die Originalkompositionen des Zarathustra gelten, oder umgekehrt: Was wir von Zarathustra direkt fassen, ist, was in den Gathas steht. Das übrige, ‹jüngere› Avesta besteht aus verschiedenen Teilen, darunter ein Hymnenbuch, die *Yashts*, eine umfassende Liturgie, das *Yasna*, und ein ‹Gesetz gegen die bösen Geister›, *Videvdat*; einige kürzere Texte kommen hinzu, darunter der wichtige *Hadoxt Nask*, der Grundtext über das Schicksal der Seele nach dem Tod.

Das ungelöste, nahezu unlösbare Problem ist das der Chronologie. Es gibt kein fest etabliertes Datum weder für die Entstehung noch für die endgültige Redaktion auch nur eines einzigen dieser Texte. Die Angaben über Zeit und Leben des Zarathustra, iranisch oder griechisch, reichen von etwa 6000 v. Chr. bis über 600 v. Chr. hinaus, sind aber doch wohl durchweg ohne historischen Wert. Die Linguistik liefert nur eine relative Ordnung: Die Gathas stehen dem indischen Veda noch recht nahe, die Trennung von Indern und Iranern kann also zur Zeit Zarathustras noch nicht allzulange zurückliegen. Dies veranlaßte Linguisten, Zarathustra bis über 1000 v. Chr. zurückzudatieren – so, neben Indogermanisten, auch Mary Boyce –, dagegen wird ein überliefertes Datum, 588 v. Chr., für das *floruit* Zarathustras neuerdings wieder von Gherardo Gnoli verteidigt.[6] Man pflegt die Haupttexte des Avesta, in jungavestischer Sprache, im allgemeinen in die Achämeniden-Epoche zu setzen, ohne festen Anhaltspunkt. Das Verhältnis der Achämenidenkönige zur Zarathustra-Religion war offenbar komplex. Wenn man akzeptiert, wofür alles spricht, daß *Ahura Mazda*, der ‹Weise Lebensherr›, als Name des höchsten Gottes von Zarathustra eingeführt worden ist, dann steht König Dareios in der Nachfolge Zarathustras, denn er nennt Ahura Mazda als den Gott, der ihm das Königtum verliehen hat. Vom späteren Perserkönig Artaxerxes II. gibt es Weihungen an Mithra und Anahita, zwei Gottheiten altiranischer Tradition, die in den *Gathas* ignoriert werden, in den Hymnen des *Avesta* jedoch, den *Yashts*, ihren Platz gefunden haben. Der Name Zarathustra, gräzisiert *Zoroastres* oder *Zaratas*, und das mit ihm verbundene dualistische System, das dem Hochgott einen ‹bösen Geist›, *Angra Mainyu*, in dauerndem Kampf gegenüberstellt, erscheint in griechischen Quellen seit dem 4. Jahrhundert v. Chr.; Herodot nennt *Zoroastres* nicht. Doch kam der Name offenbar in einem verlorenen Werk von Xanthos dem Lyder vor.[7] Dann erscheint er im platonischen *Alkibiades* (122a). Der Dualismus findet sich erstmals in einem Zeugnis des Theopomp, das von Plutarch zitiert wird; er wird dann von Aristoteles und Aristoxenos besprochen.[8] So ergeben sich wenigstens vom Griechischen her klare *termini ante*; wir werden eingeladen, das *Avesta* mehr oder weniger mit der archaischen und klassischen Epoche Griechenlands zu synchronisieren. Die schriftliche Fixierung kann trotzdem sehr viel später liegen; die *Gathas* hat man sicher auswendig gelernt. Doch selbst die endgültige Redaktion in der Sassanidenzeit, in der eigens dafür geschaffenen Schrift, läßt sich nach den erhaltenen Zeugnissen nicht sicher datieren. Zur Staatsreligion war der Mazdaismus im 3. Jahrhundert n. Chr. aufgestiegen; die Kodifikation der heiligen Schriften könnte sich trotzdem bis etwa 400 verzögert haben. Dabei ist nur ein Teil des ursprünglichen Avesta-Corpus erhalten.

Denn selbst die Literatur der Sassaniden-Epoche ist praktisch restlos untergegangen, obwohl es sich dabei doch um ein Reich und eine Zeit gehandelt hat, in der die Schriftlichkeit längst selbstverständlich geworden war, in der Religionen mit heiligen Büchern konkurrierten und selbst griechische Philosophenschulen in Persien eine Wirkungsstätte fanden. Erst nach der arabischen Eroberung, im 9. Jahrhundert n. Chr., haben die Mazda-Verehrer eine Serie von Schriften produziert, die erhalten sind; sie suchen, im Rückblick auf die glänzendere Vergangenheit, ihre Tradition zusammenzufassen und zu bewahren. Zwei Titel seien *exempli gratia* genannt: der *Bundahishn*, ein Traktat über den Ursprung der Welt, und das Buch des *Ardai Viraz*, das eine Fahrt zum Himmel und zur Hölle phantasievoll schildert. Man schreibt jetzt eine mittel-iranische Sprache, von uns Pahlavi genannt, in einer spät-aramäischen Schrift, die oft vieldeutig und orthographisch verkompliziert ist. Transkriptionen können darum bedeutend differieren; der Spezialisten sind wenige. Der Hauptteil der Schriften ist bereits im 19. Jahrhundert in der von Max Müller herausgegebenen Serie *Sacred Books of the East* in englischen Übersetzungen erschienen; doch sind diese nicht selten unzuverlässig und überholt. Neuausgaben, die in Bombay erscheinen, bleiben in ihrer Verbreitung begrenzt. Dabei sind diese Bücher des 9. Jahrhunderts meist weit inhalts- und abwechslungsreicher als das liturgische *Avesta*, obendrein benützen sie Teile des *Avesta*, die seither verloren gegangen sind. Die Erforscher iranischer Religion haben darum immer wieder, von den Pahlavi-Texten ausgehend, zur Rekonstruktion alter und authentischer iranischer Traditionen angesetzt, ja nach außer-zoroastrischer oder gar vor-zoroastrischer Religion gesucht. Richard Reitzenstein wagte sich zusammen mit Heinrich Schaeder auf diesen Weg; danach ist vor allem Geo Widengren mit Einzelstudien und großen Synthesen aus dieser Perspektive hervorgetreten.[9] Von jenen mittelalterlichen Quellen aus gelangt man so zwar nicht zu Texten, doch zu Vorstellungen, Lehren und Motiven einer ‹iranischen Geisteswelt›, die dem archaischen Griechentum sogar noch vorausliegen könnte. Der Gewinn scheint faszinierend – und doch ist nicht zu vergessen, daß damit jeweils nicht nur ein Sprung über weit mehr als ein Jahrtausend vollführt wird, sondern tiefstgreifende soziale und geistige Revolutionen im wesenlosen Scheine zu verschwimmen drohen, deren Exponenten Alexander, Christus, Mani und Mohammed waren.

Zurück zur Spätarchaik! Für die Begegnung von griechischem und persischem Geist vor dem großen Krieg zeugen vor allem zwei Wörter: der Titel des Priesters der Ephesischen Artemis, Megabyxos, und eben das allbekannte Wort ‹Magier›, *mágos*, das eine ganz besondere Karriere machen sollte.

Für den Hauptpriester der Ephesischen Artemis ist der Titel oder Amtsname Megabyzos/Megabyxos seit Xenophon bezeugt.[10] Xenophon verwendet den Titel wie einen Eigennamen, so wie man auch mit *Basileus* verfährt. Nach Strabon war der Megabyxos ein Eunuche; er konnte keinen Nachwuchs haben, man suchte vielmehr ‹anderswo›, in der Fremde, jeweils nach einer Person, die dieser hervorragenden Stellung würdig war.[11] Der Megabyxos dominierte als Prachtgestalt den Festzug zu Ehren der Artemis, er erhielt ein ausnehmend prunkvolles Begräbnis; es gab berühmte Gemälde mit Megabyxos-Themen.[12] Die literarischen Texte weisen überwiegend die Form Megabyzos, mit *zeta*, auf, doch eine Inschrift, lateinische Texte und die Etymologie sprechen für Megabyxos. Man hat längst festgestellt, daß hier ein iranischer Name vorliegt, wobei *mega-*, wie auch sonst, für das iranische Wort *baga*, ‹Gott›, steht. Seit Justis *Iranischem Namenbuch* von 1895 übersetzte man Bagabuksha ‹durch Gott befreit› – dem entspräche im Griechischen Θεόλυτος. Emile Benveniste schlug dagegen eine aktivische Übersetzung vor, ‹den Gott erfreuend› bzw. ‹dem Gott dienend›.[13] Jedenfalls ist Bagabuksha als persischer Name wohlbezeugt. So hieß einer der Vertrauten des Dareios beim großen Staatsstreich gegen den Magier, wie die Behistun-Inschrift bezeugt; Herodot schreibt in diesem Kontext Megabyxos.[14] Er hatte einen gleichnamigen Enkel, der unter Xerxes eine Rolle spielte.[15]

Wie kommt ein Priester von Ephesos zu einem eindeutig persischen Namen? So viel ist klar: Als Kroisos jenen großen Marmortempel für Artemis zu bauen begann, kann der Priester noch nicht so geheißen haben. Nach 547, nach der Begründung der Perserherrschaft in Sardes, vielleicht auch erst unter Dareios muß im Ephesischen Heiligtum eine Neuorganisation und Neuorientierung unter persischer Aufsicht stattgefunden haben,[16] wobei dieser Name wichtig wurde. ‹Gott› und ‹Freiheit›: Der Repräsentant des Tempels hat unter persischer Herrschaft demonstrativ einen persischen Namen angenommen, der seine sakrale Funktion herausstellt und sichert. Man kann vergleichen, wie 350 Jahre später die Priester des Priesterstaats der Meter von Pessinus sich mit den einfallenden Römern ins Benehmen setzten, indem sie in vollem Ornat dem römischen Konsul entgegenkamen, ihm den Sieg verhießen und sich so wohlwollendste Behandlung sicherten.[17] Den Schutz des Königs für ein Heiligtum zeigt in anderer Weise ein Brief des Dareios, der auf griechisch erhalten ist; er nimmt die ‹heiligen› Wächter des Hains des Apollon in Magnesia gegen den Satrapen in Schutz, um des Gottes willen, der schon den Vorfahren die ‹volle Wahrheit› sagte; diesem Heiligtum war Abgabenfreiheit zugestanden.[18]

In solcher Weise muß es den Vertretern des Artemision gelungen sein, bei den Persern den eigenen sakralen Anspruch durchzusetzen. Durch den Namen Megabyxos wird den Persern in ihrer Sprache gesagt, und sie erkennen es an, daß hier ein ‹Gott› zugehöriger Bereich zu achten ist. Die persische Anerkennung war so wichtig, daß man den entsprechenden Namen demonstrativ führte.[19] Er garantierte die Unabhängigkeit des Heiligtums, seines Besitzes und ganz besonders wohl seines Asylrechts. Daß Steuerfreiheit zu den Privilegien gehörte, ist nicht sicher, auch nicht, ob man Artemis sogleich mit der iranischen Göttin Anahita, der ‹Unbefleckten›, gleichgesetzt hat. Im übrigen ist die Katastrophe Milets beim Aufstand gegen die Perser (494) der Stadt Ephesos zugute gekommen. Herodot (5,54) läßt die ‹Königsstraße› in Ephesos beginnen. Als Xerxes alle Tempel in ‹Asien› verbrennen ließ, blieb der Tempel von Ephesos ausgespart (Strab. 14 p. 634).

Dazu nun das iranische Wort, das es bei den Griechen und dank den Griechen dann allenthalben zu höchster Prominenz gebracht hat – *mágos*. Ein besonderes Interesse der Griechen an den ‹Magiern› im Bereich von Religion und Philosophie wird schon bei Herodot deutlich und dann im Kreise des Aristoteles und seiner Schüler, die sich für *barbaros philosophia* interessierten.[20] Die kritische Wissenschaft des 19. Jahrhunderts, die für die Autonomie des Klassischen eintrat und von der Aufklärung eine entschiedene Abneigung gegen Magisches übernommen hatte, hat dann hier wie anderwärts skeptische Zurückhaltung durchgesetzt. Man sah die beträchtliche Menge späterer Fälschungen, die historisch wertlos schienen, Pseudo-Berossos, Pseudo-Manetho, Pseudo-Zoroaster – dies war allenfalls als typisches Indiz für die Dekadenz des späten Hellenismus interessant. Doch die Karriere des Wortes setzt viel früher ein.

Das Wort *mágos* (*magush*) ist eindeutig iranischer Herkunft. Seine Verwendung im Griechischen ist also ein unwiderleglicher Beweis für iranischen Einfluß. Komplikationen schafft, daß das Wort im *Avesta* keine Rolle spielt, im Griechischen jedoch in doppelter Bedeutung erscheint, und zwar für iranische Priester-Theologen und für Zauberer.[21] Über die doppelte Bedeutung verbreitete sich schon das Buch *Magikos*, das unter anderen dem Aristoteles zugeschrieben wurde.[22] Die eigentlichen *mágoi*, heißt es da, sind Priester mit einer besonderen Theologie und eigentümlichem Ritual, was von der ‹zauberischen Magie› (*goeteutikè mageía*), der ‹Magie› im geläufigen Sinn mit ihren Wunder-Wirkungen zu scheiden sei. Bei Herodot treten die *mágoi* regelmäßig als eine Priesterklasse der Meder auf, die im Vollzug der persischen Religion auch mit dem König zusammenarbeiten. Man erzählte, auch Themistokles sei in der Zeit seines persischen Exils in die Lehren der *mágoi* eingeführt worden.[23] Dies entspricht also der Wortbedeutung, die in dem aristotelischen Text als die authentische angegeben wird.

Andererseits aber erscheinen *mágoi* als wandernde Scharlatane mit magischen Praktiken, etwa gleichzeitig mit dem herodoteischen Werk, in dem hippokratischen Traktat *Über die Heilige Krankheit*, wo sie mit ihresgleichen zusammengenommen sind: «Menschen wie es sie auch heutzutage gibt, mágoi, Reinigungspriester, Bettler und Aufschneider.»[24] Dabei stehen die *mágoi* voran, als seien sie die wichtigsten oder jedenfalls bekanntesten unter denen, die mit der ‹Heiligen Krankheit› umzugehen sich erbieten. Ähnliche Nennungen der *mágoi* finden sich bei Sophokles[25] und Euripides.[26] Auch in der *Helena* des Sophisten Gorgias ist *mageia* ein Thema, parallel und doch unterschieden von der *goeteia*.[27]

Als ältestes Zeugnis für das Wort im Griechischen gilt Heraklit; freilich haben Herausgeber eben dieses Wort als Interpolation tilgen wollen.[28] Man übersieht ganz allgemein, daß ein noch älteres, ein grundlegendes Zeugnis existiert, das zeigt, wann und wie die Griechen das Wort *mágos* kennenlernen mußten. Es ist dies eben die große Inschrift von Behistun, in der Dareios, kraft Ahura Mazda zum König geworden, erklärt: «Es gab einen Mann mit Namen Gaumata, einen Magier, der log und sprach: Ich bin Bardia.»[29] Jedes Mal, wenn der Name des falschen Königs Gaumata in diesem Text vorkommt, wird als Kennzeichnung hinzugefügt ‹der Magier›, als sollte dies unvergeßlich bleiben. Das Wort ist in diesem Text in seiner persischen Form erhalten (*magush*); es wird ins Akkadische (*magushu*) und Elamische (*makuis*) schlicht transkribiert. Offenbar war es ein wichtiger Terminus, der in den geläufigen Idiomen der anderssprachigen Verwaltung kein Gegenstück hatte. Was ein Magier ist, sagt der Text nicht, doch verleiht ihm der Kontext eine geheimnisvoll-unheilvolle Aura.

Zentral aber ist die Aussage des Textes, daß Dareios «die gleichen Inschriften» in alle Länder seines Reiches sandte und Befehl gab, sie öffentlich zu verlesen. Mit anderen Worten: Der Text von Behistun wurde damals, um 520, in allen Städten Kleinasiens einschließlich der anliegenden Inseln den Untertanen des Großkönigs zur Kenntnis gebracht; Samos etwa ist damals gerade durch den Sturz des Polykrates zum persischen Hoheitsgebiet geworden. Seit diesem Zeitpunkt also kennen die Ionier das Wort *mágos*, sie kennen es zunächst als Widerpart zum König im Kontext der ambivalenten Gefühle von Ablehnung und Ehrfurcht, die dem neuen Herrscher gelten mußten. Eine seltsame Faszination dürfte von hier aus von Anfang an auf dieses Wort übergegangen sein; und wenn dann bald einmal wandernde Charismatiker auftraten, die sich *mágoi* nannten, war ihnen Aufmerksamkeit gewiß.

Von der anderen, der iranischen Seite her kommt das Wort *mágos* nur einmal am Rande im *Avesta* vor.[30] Immerhin erbringen die elamisch geschriebenen Persepolis-Täfelchen der Dareios-Zeit eine authentische Dokumentation über die *magush* als religiöse Funktionäre.[31] Trotzdem bleibt das Verhältnis von König, Zoroastrismus und *mágoi* in der Epoche der Achämeniden undeutlich und umstritten.

Weit reicher ist dann das Corpus der griechischen und lateinischen Texte über die ‹Magier›, das Joseph Bidez und Franz Cumont zusammengestellt haben.[32] Dann gibt es aus der Grenzzone zwischen Griechischem und Iranischem, aus Kappadokien, etwa im 1. Jahrhundert n. Chr. eine zweisprachige Inschrift, griechisch-aramäisch, von einem Mann, der ‹Magier für Mithras› war.[33] Tiridates der König von Armenien, der 66 n. Chr. mit großem Gepränge nach Rom kam, um Kaiser Nero zu huldigen, wurde von den Westlern als *magus* betitelt und bestaunt.[34] Später, in der Staatsreligion der Sassaniden, werden die zoroastrischen Priester aufs neue *mágoi* genannt.[35]

Der Text von Behistun als Urkunde vom Herrschaftsantritt des Dareios ist das Basisdokument für das Wort *mágos* im Griechischen. Dies führt in eine Epoche, aus der sonst kaum direkte griechische Zeugnisse existieren. Heraklit schrieb vermutlich gut 20 Jahre später, und bis zu den Texten über *mágoi* bei Sophokles, Herodot, Hippokrates und Euripides sollten weitere 60–80 Jahre vergehen. Dazwischen liegen die Perserkriege.

Möglicher iranischer Einfluß in Zeugnissen des fünften Jahrhunderts sei im folgenden mit Blick auf zwei Bereiche besprochen, und zwar auf ‹Himmlische Unsterblichkeit› neben einem Weltsystem der drei himmlischen Stockwerke einerseits, und andererseits auf den prinzipiellen Dualismus im Weltentwurf. Ferner gilt es, eigentümliche Verschränkungen von Vorsokratiker- und Magierthesen zu interpretieren, besonders im Zusammenhang mit einem neuen Zeugnis des Derveni-Papyrus. Beiseite bleiben soll das oft diskutierte Thema eines Gottes ‹Zeit›, iranisch *zurvan*,[36] und der Vier-Weltalter-Lehre,[37] wie auch die ‹Siebenzahl› der Weltteile – ein Thema, das einmal als «Persische Weisheit in griechischen Gewande» vorgestellt wurde.[38] In diesen Fällen ist die Diskussion fast ausschließlich von den Pahlavi-Schriften des 9. Jahrhunderts abhängig.

Die Einkehr der Verstorbenen ‹in den Himmel›, die Hoffnung, ‹in den Himmel zu kommen›, ist uns aus eigener christlicher Tradition noch immer geläufig.[39] Sie ist eindrucksvoll im Iranischen zu belegen, und sie taucht seit dem 5. Jahrhundert in Griechenland auf. Freilich ist die Situation der Überlieferung vielschichtig. Man kann mehrfache Parallelen und Ähnlichkeiten namhaft machen, und man kann eigene Entwicklungen konstatieren. Dogmatische Voreingenommenheiten oder Gegenbestrebungen können mit überkritischer Skepsis im Streite liegen. Immerhin dürfte drei Thesen kaum zu widersprechen sein:

– Die Idee, nach dem Tod ‹in den Himmel› zu kommen, ist nicht Gemeingut der nahöstlichen und mediterranen Kulturen; sie ist in der Situation von Mesopotamien, Syrien, Palästina, Griechenland, wie wir sie seit Beginn des 1. Jahrtausends vorfinden, eher fremd. Verbreitet und bestimmend ist der Begriff eines

‹Landes ohne Wiederkehr› – dies der sumerische Ausdruck – oder eines ‹Hauses des Hades›, ein widerlicher unterirdischer Aufenthalt, trostlos und kalt, Lehm und Schlamm, ohne Licht und fern von den Göttern. «Wollen wir sitzen und weinen», dies ist abschließende Botschaft im *Gilgamesh*-Epos.[40] Die Suche nach der Unsterblichkeit ist gescheitert; es bleibt keine Hoffnung.

– Die Idee, daß die Frommen zum Himmel aufsteigen werden, um für alle Zeit bei Gott bewahrt zu sein, ist grundlegend für die Religion Zarathustras seit den ältesten Dokumenten, den *Gathas*.
– Die Vorstellung, daß eine ‹Seele› (*psyché*) oder ein ‹Hauch› (*pneûma*) nach dem Tod zum Himmel aufsteigt, breitet sich seit der Mitte des 5. Jahrhunderts v. Chr. in Griechenland aus, vor allem in gebildeten Kreisen.

Die erste dieser Thesen bedarf kaum ausführlicher Dokumentation. Für die zweite ist der *Hadoxt Nask*, ein Text in avestischer Sprache, das maßgebende Zeugnis innerhalb der mazdaischen Religion.[41] Die Seele (*uruua*) des verstorbenen Frommen wird im Lauf der dritten Nacht nach dem Tode seiner eigenen ‹Religion› (*daena*) begegnen, die in Gestalt eines schönen Mädchens ihm entgegentritt und ihn dann in drei Schritten durch die ‹guten Gedanken›, die ‹guten Worte› und die ‹guten Werke› hindurch vor den Thron Ahura Mazdas geleitet. Neu redigiert erscheint ein entsprechender Text im *Bundahishn* und in Erzählform auch im Buch des *Ardai Viraz*, den schon genannten Pahlavi-Schriften. Dort sind die drei Schritte kosmisch festgelegt, sie führen, in dieser Reihenfolge, zu den Sternen, zum Mond, zur Sonne und dann zu den ‹anfangslosen Lichtern› des Gottes. Schon die *Gathas* sprechen vom ‹lichterfüllten Aufenthalt des Glücks›, der den ‹Weisen› bereitet ist; der Gott gewährt Unsterblichkeit,[42] und dies bedeutet den Übergang vom Guten zum Besseren, vom Körperhaften zum Geisthaften, bis zu dem Ort, da der Gott verweilt, der «Heil und Unsterblichkeit in seinem Reich» gewährt.[43] «Das Haus des Lobgesangs, in das als erster der Gott eintrat, ist dir versprochen.»[44]

Nun können allerdings durchaus vor-zoroastrische Elemente in solchen Verheißungen enthalten sein. ‹Unsterblich›, *amrto-*, ist ein indogermanisches Wort, ein indogermanischer Begriff, möglicherweise – vor Zarathustra – an ein Fest der Unsterblichkeit mit der Droge *soma/haoma* gebunden. Auch im *Veda* gibt es ein himmlisches Paradies. Zarathustra schafft neue Rituale, aber er knüpft an Bestehendes an. Er lehrt vor allem einen entschiedenen Gegensatz von dem ‹leiblichen›, wörtlich ‹knochenhaften›, und dem ‹geistigen› Leben, *ast-vant* gegen *manah-vant* – man kann die griechischen Wörter für ‹Knochen› und ‹Geist›, *ostoûn* und *ménos*, heraushören. Schon in den *Gathas* ist diese Lehre fixiert. Wie immer man Zarathustra und seine *Gathas* datieren mag, man bleibt in einer Periode, die Platon und seinen Lehren weit vorausliegt. Die Interpreten griechischer Geistesgeschichte haben gern herausgestellt, daß ein solcher Dualismus von Körperlichem und Seelischem Homer und der ganzen archaischen Epoche durchaus fernliegt. An der Körperlichkeit des archaischen Hellenentums kann sich eine neopagane ‹klassische› Sicht sogar besonders begeistern. Hat ein Impuls, der von Medern und Persern kam, die Gebrochenheit der gespaltenen Existenz neu bewirkt oder jedenfalls gefördert?

Man hat die allmähliche Verbreitung der Idee eines himmlischen Aufenthalts der ‹Seele› oder des ‹Hauchs› im Verlauf des 5. Jahrhunderts längst gründlich untersucht. Auch die These einer ‹pythagoreischen Revolution› ist dabei aufgetaucht,[45] was mit einer letztlich iranischen Herkunft durchaus verträglich wäre. Doch sind die direkten Zeugnisse aus dem 5. Jahrhundert spärlich und wenig aussagekräftig: zwei Fragmente von Epicharm,[46] einige Euripides-Passagen; zumindest zwei von diesen stammen aus den 20er Jahren des 5. Jahrhunderts, aus *Erechtheus* und *Hiketiden*. Im *Erechtheus* erscheint der Gedanke in Gestalt der ‹Verstirnung›: Die fürs Vaterland geopferten Mädchen werden zum Sternbild der Hyaden; «im Aither habe ich ihren Lebenshauch angesiedelt», sagt Athena.[47] Die Person der Toten scheint sich dabei aufzulösen: Nur eine Hauch-Seele geht in den Äther ein,[48] der Körper verfällt der Erde. Eben dies wurde in Athen im Jahre 432 gleichsam offiziell zum Ausdruck gebracht, in einem Epigramm auf die Gefallenen von Potidaia: «Der Aither hat die Seelen aufgenommen, die Körper aber die Erde».[49] Dies liegt ganz nahe dem Bereich vorsokratischen Denkens, indem hier Wesenheiten der Natur (*physis*) aufeinander bezogen sind, ‹Aither› und ‹Erde›; dabei korrespondiert der Begriff vom Ursprung mit der Rückkehr zum Ursprung. So vor allem auch in einigen – undatierbaren – Versen des Euripides, die schon in der Antike als Reflex der Lehren des Anaxagoras betrachtet und zitiert wurden: «Zurück wandelt alles», Erde zu Erde, «doch was aus der Zeugung des Aither entsprossen ist, ist wieder zum Himmelskreis zurückgekehrt. Nichts stirbt von dem, was entsteht ...»[50] Dazu tritt die Auffassung des Diogenes von Apollonia, wonach die individuelle Seele (*psyché*) ein ‹Teil des Gottes› ist, der sich seinerseits als ‹Luft› manifestiere.[51] Auch beim xenophontischen Sokrates ist ein Reflex dieser Theorien zu finden.[52] Die weiteren Ausgestaltungen der Seelenlehre in der platonischen Philosophie bedürfen kaum eines Hinweises.

Haben bei dieser bemerkenswerten Entwicklung iranische Motive, von *mágoi* vermittelt, eine Rolle gespielt, oder ist dies unabhängiger Fortschritt vorsokratischen Denkens? Die Spekulationen über ‹Luft› und ‹Aither› sind ebenso charakteristisch vorsokratisch wie die kosmogonische Perspektive vom Ursprung; und von der Rückkehr zum Ursprung verlautet nichts in den zoroastrischen Texten. Obendrein gab es in der griechischen Tradition selbst recht bekannte ältere Modelle für ein Eingehen in den Himmel, vor allem die Geschichte vom Ende des Herakles. Seine Fahrt zu den Göttern ist ein beliebtes Thema der Vasenmalerei im 6. Jahrhundert, ist aber auch schon im 7. Jahrhundert bezeugt;[53] davon spricht auch die Odyssee in freilich seit alters umstrittenen Versen.[54] Nach Pausanias war auf dem ‹Thron von Amyklai› bei Sparta dargestellt, wie Hyakinthos und Polyboia ‹zum Himmel› auffahren;[55] dies führt ins 6. Jahrhundert. Es war wohl ein Flügelgespann dargestellt – ob dies ein eindeutiges Zeichen für himmlischen Unsterblichkeitsglauben darstellt, ist wiederum nicht ganz sicher; es würde jedenfalls sehr weit zurückführen, bis zum minoischen Sarkophag von Hagia Triada.[56]

Schließlich sind als konkurrierende Einflüsse auch ägyptische Motive zu bedenken. Ägyptens Einfluß im Bereich von Unterweltsglauben und Unterweltsritualen ist unübersehbar.[57] Doch ist die ‹himmlische Unsterblichkeit› nicht eigentlich Inhalt ägyptischen Glaubens. Dort werden die Toten im Gefolge des Sonnengottes vorgestellt, der die Totenwelt durchquert, um am Morgen wieder aufzugehen, ohne den Kreislauf zu überwinden. Insofern ist der definitive Aufstieg einer Hauch-Seele zum Himmel dem iranischen Paradigma näher als dem ägyptischen. Fragezeichen bleiben: Iranisch, äygptisch, pythagoreisch – zu dicht ist das Gewirr verschiedener und doch ähnlicher Motive, zu weit liegen die maßgebenden Kontakte zurück gegenüber unseren faßbaren, ausgearbeiteten Texten.

Nur ein indirektes Zeugnis führt in eine frühere, vielleicht die früheste Phase der Begegnung mit Iranischem zurück. Es handelt sich dabei um das Weltmodell des Anaximandros, das mit dem Aufstieg der Seele in drei Schritten zusammengeht. Robert Eisler hatte dies 1910 bemerkt; in einem Aufsatz von 1963 wurde es ausführlicher dargelegt.[58] Die Seele des Mazda-Gläubigen gelangt zuerst zu den Sternen, dann zum Mond, dann zur Sonne, dann zu den ‹anfangslosen Lichtern›, wo Ahura Mazda wohnt. Die Konstruktion der himmlischen Kreise oder vielmehr ‹Räder› bei Anaximandros jedoch hat eben diese – für unser Wissen ganz falsche – Anordnung: Das kleinste, erdnächste ‹Rad› ist das der Sterne, das nächste das des Mondes, dann das der Sonne, und eingeschlossen ist das Ganze ins ‹Unendliche›, *ápeiron*, aus dem es hervorgegangen ist. Das ‹Unendliche› umfaßt alles, steuert alles, es wird ‹das Göttliche› genannt. Als Angabe über kosmische Distanzen ist all dies offensichtlich grundverkehrt; bereits Anaximenes (A 7,6) stellte fest, daß die ‹Sterne› viel weiter entfernt sind als Mond und Sonne. Eben darum ist die Abhängigkeit des Anaximandros von religiösen Spekulationen so plausibel. Die Stellung der Sonne zuäußerst und zuhöchst im Himmelssystem ist weit später in den Spekulationen der Gnostiker und der Mithras-Anhänger wieder aufgetaucht.

Es gibt dazu noch einen weiteren Kontext, und zwar in den Keilschriftzeugnissen von assyrischen Priestern, die drei Himmel übereinander ansetzen, von denen der unterste die Sternbilder trägt.[59] Dazu tritt die Vision des Hesekiel vom kosmischen Thronwagen

Jahwes, der *merkavah*, mit umlaufenden Rädern, die lauter ‹Augen› tragen.[60] Es sieht aus, als wirke eine wachsende Energie kosmischer Entwürfe von Assur und Iran bis Jerusalem und bis hin zum Milet des Anaximandros – bemerkenswert, wenn über Kulturgrenzen hinweg ein solches Nacheinander oder eher Ineinander sich in Eizelheiten fassen läßt. Was Anaximandros über Hesekiel hinausführt in Richtung messender Physik, ist die Stufung der Abstände, die Reihenfolge; eben diese ist im Iranischen vorgegeben. Dann hat Anaximandros diese Vorgabe gleichsam als Gerüst gebraucht,[61] jedoch den Seelenaufstieg in kosmische Wirklichkeit transformiert. Eine umfassende Geistesgeschichte wird die vorwissenschaftlichen Triebkräfte nicht ignorieren.

Von prinzipieller Bedeutung ist das Problem des Dualismus; dies geht über die Funktion eines Gerüstes hinaus. Aus den *Gathas* geht hervor, daß Zarathustra ein entschiedener Reformator war, der alte Formen des Götterglaubens und des Kultes radikal bekämpfte, vor allem Formen des Rinderopfers und wohl auch des Soma-Kultes. Damit geht, was besonders auffällt, die Umkehrung des traditionellen Sprachgebrauchs einher, so daß aus der alten indogermanischen Bezeichnung der Gottheit, *deivos* – lateinisch *deus* – die Bezeichnung von ‹Dämonen› wurde, *daeva*, von denen der Gläubige sich loszusagen hat. Zudem wird dem höchsten Gott, der nun *Ahura Mazda* heißt, ein ‹böser Geist› gegenübergestellt, *Angra Mainyu*. Indem Zarathustra, der Prophet, wohl lebenslang für seine Lehre gegen seine Gegner zu kämpfen hatte, sah und lehrte er auch einen anhaltenden Kampf der beiden göttlichen Mächte gegeneinander, in den wir Menschen allesamt verstrickt sind.

Eine ausführliche Darstellung dieses großen Kampfes findet sich im *Bundahishn* – und weit früher, in gnostisch veränderter Form, im Manichäismus; doch sind es griechische Texte, in denen die ersten klar datierten Zeugnisse dieser Lehre vorliegen: Plutarch greift in seinem Buch *Über Isis und Osiris* das Problem des Dualismus auf, und er zitiert dabei Theopomp, den Historiker des 4. Jahrhunderts v. Chr., ohne ganz klar zu machen, wie viel genau er diesem weit älteren Text entnimmt. Die Rede ist vom Angriff des *Angra Mainyu/Areimanios* gegen den guten Gott, von der Zwischenzeit des Kampfes mit Zeiträumen zu je 3000 Jahren, und vom schließlich als Sieger hervorgehenden *Ahura Mazda*.[62]

Der andere Text des 4. Jahrhunderts stammt vom Aristotelesschüler Aristoxenos:[63] Pythagoras sei zu Zaratas dem Chaldäer gekommen, und der habe ihm auseinandergesetzt, «daß es von Anfang an zwei Ursachen für die Seienden Dinge gebe, ‹Vater› und ‹Mutter›: ‹Vater› sei das Licht, ‹Mutter› aber das Dunkel; Teile des Lichts seien Warmes, Trockenes, Leichtes, Schnelles, Teile des Dunkels aber Kaltes, Feuchtes, Schweres, Langsames. Aus diesen bestehe die ganze Welt, aus Weiblichem und Männlichem.» Zaratas ist die aramäische Form des Namens Zarathustra. Was hier aus Aristoxenos berichtet wird, ist von den iranischen Quellen viel weiter entfernt als Plutarchs Zitat; hier liegt keine Übersetzung vor, sondern Umsetzung iranischer Theologie in die Art vorsokratischer Kosmologie. Die Aufzählung der Gegensätze ist ganz ähnlich dem, was Parmenides als die gegensätzlichen Prinzipien nennt in der dem ‹Sein› entgegengesetzten Welt der Doxa (B 8,53–59). Einem Zarathustra, der Glauben und Kult reformierte, hatte solche Art von Naturdenken wohl recht ferngelegen. Trotzdem ist das Zeugnis des Aristoxenos nicht anzufechten, auch wenn es mehr von Weiterentwicklung iranischer Impulse im griechischen Denken zeugt als vom authentischen Zoroastrismus.

Dazu kommt als drittes Zeugnis aus dem 4. Jahrhundert der Bericht von Eudemos, dem Aristotelesschüler. In seinem Überblick über fremde ‹Theologien› kennt er bereits verschiedene Interpretationen des Dualismus der *mágoi*:[64] Aus ‹Raum› (*topos*) oder ‹Zeit› (*chronos*) habe sich «entweder ein guter Gott und ein böser Daimon abgeschieden, oder Licht und Dunkelheit noch vor diesen, wie einige sagten»; so gebe es «eine doppelte Reihe der höheren Mächte, die eine führe Oromazdes an, die andere Areimanios». Die Namen Ahura Mazda und Angra Mainyu erscheinen hier erstmals in griechischer Transkription. Man ahnt, wie über diese besondere Art der ‹barbarischen Philosophie› in Akademie und Peripatos diskutiert wurde. Im erhaltenen Werk wirft Aristoteles nur einmal einen Seitenblick auf diese Philosophie: «Die Magier setzten das, was als erstes gezeugt hat, als das Beste an»[65] – im Gegensatz zum Chaos Hesiods und zur ‹Nacht› des Orpheus. Man hat offensichtlich auch damit vom Dualismus Kenntnis genommen, wobei man allerdings das eine, ‹gute› Prinzip noch vor die Spaltung setzen wollte.

In der Fachwissenschaft hat sich die Diskussion über den Einfluß des iranischen Dualismus auf die griechische Philosophie hauptsächlich auf die Frage konzentriert, ob Platons überraschende Theorie von einer bösen Weltseele als Widerpart der göttlichen Weltseele, wie sie in den *Gesetzen* formuliert wird, von Zarathustra herkommt. Diese Frage hat bereits Plutarch in seinem Buch *Über Isis und Osiris* aufgeworfen.[66] Jula Kerschensteiner ist in einem hochgelehrten Buch zu einer negativen Antwort gelangt, ohne freilich das Problem aus der Welt zu schaffen. Die philosophische Interpretation Platons hängt zwar davon nicht ab; doch das Verständnis griechischer Geistesgeschichte kommt nicht herum um die Frage nach solchen Begegnungen, noch ehe Alexander der Große das Tor zum Osten aufstieß. Was bei Eudem zu lesen steht, kann allerdings bereits den neuen, direkten Kontakten zu verdanken sein.

Der erste Vertreter eines Dualismus in Griechenland ist Empedokles in der Mitte des 5. Jahrhunderts. Er sieht bekanntlich zwei Prinzipien als wirkende Kräfte, die alles zustande bringen, was in der Natur vor sich geht: die ‹Liebe› (*Philia*) und den ‹Haß› (*Neikos*); die eine wird als durchweg positiv, segensreich und ‹vereinigend› geschildert, der andere als negativ, zerstörend und auseinanderreißend. Besonders muß auffallen, daß Empedokles das Zusammenwirken der Prinzipien als einen Kampf erzählt, geregelt durch eine vorbestimmte Zeit: «Aber als der Neikos … groß geworden war, sprang er auf, nach den Ehren zu greifen, als die Zeit zur Vollendung kam …»[67] Empedokles ist ein überaus origineller Autor, voll von eigenwilligen Bildern und Vergleichen. Und doch wäre das System der wechselnden Herrschaft von Liebe und Haß auf diesen dramatischen Mythos nicht angewiesen, und die festgelegte ‹Zeit› schafft eher Komplikationen; mehrere moderne Interpretationen möchten die Weltperioden aus der Lehre des Empedokles überhaupt verdrängen zugunsten kontinuierlicher Interaktion der Prinzipien. Als einen Magier in pythagoreischer Tradition – eher denn als einen Philosophen – hat demgegenüber Peter Kingsley seinerseits Empedokles in eigenwilliger Weise vorgestellt; er stellt auch eine Nennung des Empedokles bei Xanthos dem Lyder in den Magier-Zusammenhang.[68] Gorgias sprach davon, daß Empedokles praktizierender Zauberer war, und Empedokles selbst verspricht in berüchtigten Versen seines Lehrgedichts Wundertaten, die denen der ‹*mágoi* und Aufschneider›, wie sie jenes hippokratische Werk kritisiert, recht ähnlich sind.[69] Daß er *mágoi* kannte, ist fast unabweisbar, auch wenn keines seiner Fragmente direkt dafür bürgt. Für die Interpretation des Empedokles mag durch solche Hypothesen wenig zu gewinnen sein. Wie präsent Persien in seiner Welt der wandernden Ärzte und Charismatiker gewesen sein muß, zeigt auch, was Herodot über die Lebensgeschichte des Demokedes von Kroton zwischen Persien und Unteritalien erzählt.[70]

Mágoi als Spezialisten für religiöse Rituale tauchen auch in einer Kolumne des Derveni-Buchs auf, die erst 1997 zugänglich geworden ist.[71] Der Derveni-Text handelt hauptsächlich von der Theogonie des Orpheus, die er auf den Spuren von Anaxagoras und Diogenes von Apollonia allegorisch modernisiert. Doch die ersten – besonders schlecht erhaltenen – Kolumnen bringen allgemeinere Vorstellungen und Riten im Zusammenhang mit ‹Dämonen› und ‹Seelen› ins Spiel. Man liest von ‹Erinyen›, die ‹Seelen› seien (Kol. 2,5), dazu von ‹Libationen› (*choai*). Danach ist von ‹*daimones* von unten› die Rede; «Diener der Götter aber werden sie genannt»; «sie sind wie ungerechte Menschen» (Kol. 3,6–8). Worauf sich dies bezieht – ob es akzeptiert, kritisiert oder negiert wurde –, ist unsicher.[72] In der nächsten Kolumne wird Heraklit zitiert, mit zwei berühmten Sätzen (B 3, B 67); darin spielen die ‹Erinyen› ihre Rolle. Danach geht es um Orakel, wobei anscheinend der ‹Unglaube› gewisser Menschen kritisiert wird: «Ungläubigkeit und Ungelehrigkeit sind dasselbe.»[73] Offenbar geht es dem Autor in dieser seiner Einleitung nicht darum, religiöse Praktiken und Glaubensinhalte als Absurdität zu entlarven, sondern ihnen ihren Sinn zu lassen oder einen neuen, vertieften Sinn zu geben;

so wie er später formuliert: «die Menschen sprechen richtig, aber sie wissen nicht», was sie sprechen.[74]

Hier folgt nun die Kolumne, die ausdrücklich von den *mágoi* handelt (Kol. 6[4]); ich versuche in der Übersetzung der Zeileneinteilung zu folgen:[75] «(1) Gebete und Opfer stimmen die Seelen milde. (2) Eine Besprechung von *mágoi* hat die Kraft, *daimones*, die zum Hindernis (3) geworden sind, von der Stelle zu bewegen. *Daimones* sind ein Hindernis, (4) als Feinde für die Seelen. Das Opfer führen die *mágoi* deswegen durch, (5) indem sie sozusagen Buße erstatten; über die (6) Opfer aber gießen sie Wasser und Milch, wovon sie auch die (7) Gußopfer machen. Ohne Zahl, mit vielen Buckeln, (8) opfern sie die Kuchen, weil auch die Seelen ohne Zahl sind. Mysten (9) bringen ein Voropfer für die Eumeniden dar, in gleicher Weise wie die *mágoi*. Denn die Eumeniden (10) sind Seelen. Deswegen soll der, der im Begriff ist den Göttern zu opfern, (11) vorher etwas vom Vogel ...» (darbringen – den flüchtigen Seelen bestimmt?).

Im Papyrustext der 12 Zeilen sind einige Lücken; Ergänzungen sind nötig, die nicht alle sicher sind. Daß es um *daimones* und Seelen geht, ist deutlich genug und fügt sich auch zum Vorangehenden; neu ist die dreimalige Nennung der *mágoi* als Ritual-Experten. Dabei ist die Ergänzung von ‹Seelen› am Ende der ersten Zeile nicht ganz sicher; es könnte auch allgemeiner um den Kult von ‹Göttern› gehen, von denen dann in Zeile 10 die Rede ist; und was über *daimones* im Verhältnis zu ‹Seelen› in der vierten Zeile steht, bleibt unklar; hier sind verschiedene Ergänzungen denkbar.[76]

Soviel aber wird deutlich, daß die *mágoi* im Kontext von ‹Gebet und Opfer› eingeführt werden als wirkungsvolle Spezialisten rituellen Handelns kraft ihrer Zauberformel, ihrer ‹Besprechung› (*epoidé*). Von einer *epoidé* der *mágoi* beim Opfer der Perser ist auch bei Herodot (1,132,3) die Rede. Unser Autor hält fest, daß die Formel eine Wirkung auf *daimones* auszuüben ‹vermag›. Die Praxis der *mágoi* ist also anerkannt, in Verbindung mit einer bestimmten, einer ‹animistischen› Erklärung: Die *mágoi* wissen, was sie tun. Man beachte die wiederholte Form der Begründung: «Sie tun das, weil ...» Es geht um ‹Hindernisse› im Kontakt mit den Göttern und um Riten, die auf solche ‹Hindernisse› Rücksicht nehmen. Statt der *daimones* ist dann im folgenden von den ‹Seelen› die Rede; das Verhältnis von *daimones* und ‹Seelen› ist infolge der Lücke in Zeile 4 nicht ganz sicher zu bestimmen. Die Riten, heißt es, entsprechen in der Verwendung von Wasser und Milch dem Totenkult; sie stehen in Bezug zu den ‹Seelen›, wie es auch die ‹vielbuckligen› Kuchen anzeigen. Dies scheint einem üblichen griechischen Ritualgegenstand einen tieferen Sinn zu geben. Offenbar geht es bei allem Agieren mit *daimones* und ‹Seelen› darum, schließlich mit den Göttern selbst in Kontakt zu treten; dies ist das Ziel von ‹Gebeten und Opfern›, das aber nur durch rechten Umgang mit dem Zwischenbereich zu erreichen ist.

Übereinstimmung wird mit der Opferpraxis gewisser ‹Mysten› behauptet: Sie praktizieren ein ‹Voropfer› für Eumeniden und damit für ‹Seelen›. Das vor dem Abbrechen des Textes noch angesprochene Vogel-Opfer dürfte auch auf die ‹Seelen› gedeutet sein. Mit der Wendung «in gleicher Weise wie» ist angezeigt, daß hier Verschiedenes verglichen wird; die Praxis der *mágoi* und die der Mysten ist nicht identisch. Leider sind diese Mysten mit einem Voropfer für Eumeniden nirgends sonst für uns faßbar. Nichts spricht dafür, daß es sich um Mysten von Eleusis handelt; aber auch Samothrake oder ‹Bakchisches› läßt sich nicht ausmachen. Daß «die Eumeniden Seelen sind», klingt wie ein Satz von Erwin Rohde oder Jane Harrison;[77] doch handelt es sich offenbar um eine nicht ganz selbstverständliche Deutung eines auch ohne solche Deutung bestehenden Kultes.

Die Opfer der *mágoi,* heißt es zudem, haben den Charakter einer ‹Sühne› oder ‹Buße›, die ‹erstattet› wird – dabei geht es so gut wie sicher um das Schlachten eines Opfertiers; Tsantsanoglou verweist auf einen Ausdruck im orphischen ‹Papyrus Gurob›: «Ich schnitt Buße» – was auf ein solches Opfer deutet.[78] Sollen wir verstehen, daß die blutigen Opfer überhaupt ‹Dämonen› gelten, nicht himmlischen Göttern? Dies hätte Parallelen in Mesopotamien, wo die blutigen Opfer fast immer an Dämonen gerichtet sind, die man befriedigen muß, um sie loszuwerden; erst dann wird die freundliche Hilfe der Götter wirksam werden. Zum Opfer im Bereich unserer *mágoi* gehören ‹Spenden›, als etwas Zusätzliches, den ‹Seelen› in Besonderheit zugedacht; vergleichbar und doch unterschieden sind die Opfergüsse im Totenkult (*choai*). Zweierlei also ist im Blick, zum einen ein normales Opfer auf dem Altar, mit zusätzlichen Spenden, und zum anderen ein Totenkult am Grab mit den ‹Toten-Güssen›. Von Griechen wird am Altar stets Wein für die Spende verwendet; Wasser und Milch sind insofern ungewöhnlich. In den *Persern* des Aischylos jedoch bestimmt Königin Atossa für den toten Dareios *choai* von Milch, Honig, Wasser und Wein (611 ff.). Dies berührt sich mit unserem Text, ohne damit zusammenzufallen.

Es ist offenbar die Bedeutung von ‹Seelen› und *daimones*, was unseren Autor überhaupt auf die *mágoi* führt. Für uns oszilliert, was er sagt, zwischen einer iranischen und einer griechischen Perspektive. Im Iranischen, wie es im Umkreis des *Avesta* faßbar ist, gibt es ein komplexes Netz von ‹Seelen› und ‹Dämonen›; es gibt sicher mehr als zwei Klassen, es gibt verschiedene Namen, es gibt ‹reine› und ‹unreine›, gnädige und schädliche Wesen. Experten werden Entsprechungen finden; daß das, was unser Autor als ‹Besprechung› der *mágoi* im Auge hat, in einer Passage des *Yasna* oder des *Videvdat* zu finden wäre, ist allerdings ganz unwahrscheinlich.[79]

Im Griechischen aber führt die Betonung der ‹Vielheit› von ‹Seelen›, die uns wie allgegenwärtig umgeben, geradewegs in die vorsokratische Tradition – hin zu Thales und insbesondere zu den Lehren der Pythagoreer. In den *pythagoreischen Hypomnemata*, die Diogenes Laertios nach Alexander Polyhistor zitiert, finden wir den Satz: «Auch sei die ganze Luft voll von Seelen; diese gälten gemeinhin als die *daimones* und die Heroen, und von ihnen würden den Menschen die Träume geschickt und die Zeichen, auch Krankheiten ...»[80] Dies ist im Grunde eine Reinterpretation jenes berühmten Satzes, der bereits dem Thales zugeschrieben wird: «Alles ist voll von Göttern», oder ‹von Seelen›, oder ‹von Dämonen› – er wird bald so, bald so zitiert.[81] Eine eindruckvolle quasi-empirische Bestätigung wird von Aristoteles den Pythagoreern, aber auch dem Demokrit zugeschrieben: Die Sonnenstäubchen, die wir in einem dunklen Zimmer in einem Sonnenstrahl tanzen sehen – dies seien ‹Seelen›.[82]

Es ist klar, daß in der vorsokratischen Perspektive die ‹Seelen› materielle Realität annehmen. Diogenes von Apollonia macht die ‹Luft› als *pneûma* zum materiellen und gestaltenden Prinzip des Universums, insbesondere aber auch zum Prinzip des Lebendigen – ein «Stückchen vom Gott» sei darum in jedem von uns enthalten.[83] Dann wäre umgekehrt der kosmische Gott die Gesamtheit aller ‹Seelen›. Der Autor von Derveni folgt Diogenes von Apollonia,[84] wenn er das ‹Ganze› Zeus nennt, als ein *pneûma,* das alles beherrscht (Kol. 19[15]). In diesem Sinn kann der Autor offenbar die These von der Allgegenwart der ‹Seelen› akzeptieren, die eigentlich aus anderer Weltsicht stammt; er findet einen neuen, verborgenen Sinn in Mysterienritualen wie in Praktiken der *mágoi.* In dieser Weise können die ersten Kolumnen des Textes über Riten, Glauben, Orakel und *mágoi* mit der vorsokratischen Position des Gesamttextes zusammengesehen werden.

Die Aktivitäten der Magier, wie unser Text sie anspricht, passen aufs beste zu dem, was der bereits erwähnte Text des Diogenes Laertios aussagt: «Die *mágoi* beschäftigen sich mit der Verehrung der Götter, mit Opfern und Gebeten, mit der These, daß sie allein (von den Göttern) gehört würden.»[85] Dies steht dem Text von Derveni erstaunlich nahe, ohne direkt abhängig zu sein; mit der Formulierung von ‹Gebeten und Opfern›, die zu einer magischen ‹Besprechung› werden, geht der Anspruch des exklusiven Zugangs zu den Göttern zusammen: Sie vermögen – dies trägt der Derveni-Text bei – mit ihrer *epoidé* die dämonischen ‹Hindernisse› zu ‹beseitigen›; eben darum – so Diogenes Laertios – «werden sie allein gehört».

Bei Diogenes Laertios folgt die Behauptung, daß die *mágoi* «auch die Weissagekunst üben … die Luft aber sei voll von Erscheinungen, die, als Ausfluß durch Aufdampfen, in den Gesichtssinn der Scharfblickenden eindringen».[86] Hier kehrt, als Lehre der *mágoi,* die Allgegenwart von gespenstischen Wesen wieder, doch in der Terminologie von *eidola*: Dieses Wort, das eigentlich auf Gespenstererscheinungen zielt, hat in den Wahrnehmungstheorien des Demokrit und später der Epikureer in materiellem Sinn Karriere gemacht; ein vorsokratisches Ambiente wird im Diogenes Laertios-Text durch die Termini vom ‹Ausfluß› (*aporrhoia*), ‹Aufdampfen› (*anathymiasis*) und ‹Eindringen› (*eiskrinesthai*) eindeutig angezeigt. Der Text des Diogenes Laertios ist immer als Kuriosität erschienen – als gräzisierende Modernisierung, die man authentischen *mágoi* gewiß nicht zutrauen möchte. Der neue Text von Derveni erscheint als überraschende Parallele. Er weist in ähnlicher Weise auf eine eigentümliche Überkreuzung von Spekulationen der *mágoi* mit vorsokratischen Exegeten, die insbesondere Demokrit nahestehen.

Wenn die *mágoi* des Diogenes über ‹Ausflüsse› sprechen, die in den Gesichtssinn eindringen, meinen sie nicht normales Sehen, sondern paranormale Gesichte gewisser ‹scharfblickender› Personen – Visionen, die nur Auserwählten zuteil werden. Die ‹Erscheinungen›, die sie sehen, dürften Totenseelen, Dämonen oder Götter darstellen. Nun hat auch Demokrit, wie Theophrast zu erkennen gibt, seine notorische Lehre von den ‹Erscheinungen› (*eidola*)[87] nicht für das normale Sehen entwickelt, für das er ein weit komplizierteres mechanisches Modell aufbaute,[88] sondern eben für paranormale Erscheinungen, für Gespenster, die sich bei Gräbern zeigen, und für Träume und Visionen überhaupt.

Wenn man die drei behandelten Texte zusammensieht, die Derveni-Passage, Diogenes Laertios mit seinen Verweisen auf Aristoteles und Sotion, und die *pythagoreischen Hypomnemata*, so treffen sie sich in der Lehre von der Allgegenwart von ‹Seelen›, ‹Dämonen›, ‹Erscheinungen›, die in mantischen Visionen faßbar werden. Zweimal sind praktizierende *mágoi* als Vertreter der Lehre genannt; eine Transformation in einen rein ‹vorsokratischen› Code liegt bei Diogenes von Apollonia mit seiner *pneûma*-Lehre und den ‹Teilchen des Gottes› vor. Ihm folgt offenbar der Derveni-Autor. Eine speziellere Transformation in Atom-Theorie vollzog Demokrit, der doch die angeblich experimentellen Bestätigungen der Lehre akzeptierte. In der Rückschau zusammenfassender Kulturgeschichte bei Aristoteles und seinen Schülern sind die Positionen zusammengefallen, so daß die *mágoi* nun sogar die spezielle Theorie und Terminologie des

Demokrit zu vertreten scheinen. Der Derveni-Autor hat diesen Schritt noch nicht vollzogen.

Die Art, wie *mágoi*, Diogenes von Apollonia und Demokrit in der Berührung mit dem Derveni-Text zusammenrücken, mag überraschen, doch einmalig ist sie nicht. Herodot schreibt in einem berühmten Passus, daß die *mágoi* das Himmelsgewölbe als den höchsten Gott verehren: «Dem Zeus bringen sie, auf die höchsten der Berge hinaufsteigend, Opfer dar, indem sie den gesamten Kreis des Himmels ‹Zeus› nennen.»[89] Inwieweit dies mit authentisch persischer Religion zusammenstimmt, ob es als zarathustrisch gelten kann, darüber sind sich die Spezialisten durchaus uneins; Ahura Mazda ist Himmelsgott, gewiß, doch hat er seine eindeutige Personalität. Wohl aber steht fest, daß Herodots Formulierung sehr genau zu Thesen mehrerer Vorsokratiker stimmt: Diogenes von Apollonia hielt sein Prinzip – die ‹Luft› *(aer)* – zugleich für ‹Zeus›,[90] was auch Euripides in den *Troerinnen* anklingen läßt (886); vor allem Demokrit aber spricht in einem berühmten Fragment von «sprachkundigen Menschen» (*logioi*), die «ihre Hände emporreckten zu dem Ort, den wir Hellenen jetzt ‹Luft› nennen, und alles ‹Zeus› genannt haben».[91] Ausführlicher, doch im Prinzip übereinstimmend erklärt der Derveni-Autor: «Da jedes einzelne nach dem benannt ist, was vorherrscht, wurde alles ‹Zeus› genannt, nach eben diesem Grundsatz.»[92] Demokrit und der Autor von Derveni stehen sich hier ganz nahe. Was für sie wie für Diogenes von Apollonia eine Aussage über die *physis* des Alls ist, erscheint bei Herodot jedoch als die bemerkenswerte Lehre der *mágoi*. Daß Griechisches in dieser Art als Fremdes erscheint, ist nicht bloßes Vexierspiel Herodots. Offenbar sah man im Fremden Einleuchtendes, hatte von da aus Anregungen empfangen, die man nach Maßgabe des Eigenen den eigenen Gedanken anverwandelte. So liefern uns diese Texte nicht so sehr Fragmente iranischen Gedankenguts als vielmehr Zeugnisse einer Begegnung, die mindestens partiell zur Verschmelzung wurde. Die nachträgliche Analyse hat Schwierigkeiten, das Amalgam wieder aufzulösen. Soll sie auf Distanzierung bestehen, wo Vereinigung sich ereignet hat?

Die Griechen waren keine ‹Kyklopen› in origineller Isolation. Zur Welt, die sie erfuhren, gehören auch die Pyramiden Ägyptens, die Mauern und Gärten von Babylon, die Magier samt Zoroastres. Daß es sich dabei nicht nur um Projektionen von *mirages* handelt, daß konkrete Wechselbeziehungen zu fassen sind, daß historische Originalzeugnisse diesen Substanz verleihen, läßt sich zeigen. Der griechischen Kultur tut solche Sicht keinen Eintrag, sie läßt diese erst recht in ihrem mehrdimensionalen Reichtum erscheinen. Der Parthenon auf der Athener Akropolis samt dem mit ihm zugleich entfalteten Stil der bildenden Kunst, die griechische Tragödie, die Philosophie von Platon und Aristoteles, dazu ein Begriff der rational erfaßbaren Natur mit ‹Physik› und ‹Mathematik› – dies sind noch immer lebendige Schöpfungen und bestimmende Kräfte auch unserer Kultur. Sie fanden Wurzelgrund und nährende Elemente in der kontinuierlichen Gesamtheit einer nahöstlich-mediterranen *Koiné*.

Anhang

Anmerkungen

Einleitung: Das klassische Griechenland auf orientalischem Hintergrund

1 Od. 9,125–129.
2 Od. 1,3.
3 Bernal 1987; Burkert 1991; 1992.
4 Vgl. L. Poliakov, Le mythe arien, Paris 1971. Vgl. Anm. 6; 14.
5 R. Wood, An essay on the original genius and writings of Homer, London 1769.
6 Vgl. Bernal 1987; Burkert 1992, 3 f.; ein hervorragender Wissenschaftler, doch expliziter Antisemit war Julius Beloch. – E. Meyer, Geschichte des Altertums I–V, Stuttgart 1884–1902.
7 Vgl. Burkert 1991, 165 f.
8 W. Porzig, Illuyankas und Typhon, Kleinasiatische Forschungen I 3 (1930) 359–378; E. O. Forrer, Eine Geschichte des Götterkönigtums aus dem Hatti-Reiche, in: Mélanges Cumont, Brüssel 1936, 687–713.
9 F. Dornseiff, Kleine Schriften I, Leipzig ^{2}1959, 30.
10 H. G. Gueterbock, Kumarbi. Mythen vom churritischen Kronos, Zürich 1946; H. Otten, Mythen vom Gotte Kumarbi, Neue Fragmente, Berlin 1950; H. G. Gueterbock, The Song of Ullikummi, New Haven 1952.
11 Siehe Anm. 17.
12 T. B. L. Webster, From Mycenae to Homer, London 1958 / Von Mykene zu Homer, München 1960; D. L. Page, History and the Homeric Iliad, Berkeley 1969; C. H. Gordon, Homer and Bible, Hebrew Union College Annual 26 (1955) 43–108.
13 Heubeck 1955.
14 Bernal (1987) bringt teilweise berechtigte, nun aber in umgekehrter Ideologie verhärtete Kritik am ‹Rassismus› vergangener Generationen, mit zweifelhafter Sachkompetenz: Er bringt es fertig, Hyksos mit Zeus Hikesios und Poseidon mit Sidon zu verbinden. Der Titel *Black Athena* ist schief – waren Ägypter und Phöniker ‹Afroasiaten›? –, aber gerade in den USA angesichts überbordender *political correctness* z. Zt. kaum kritisierbar.
15 Vgl. Burkert 1992, 88–127; von neueren Publikationen seien genannt: Kopcke/Tokumaru 1992; Raaflaub 1993; Patzek 1996; Ulf 1996; Rollinger 1996; Morris 1997; West 1997; Tsetskhladze 1999; Sommer 2000; Aro/Whiting 2000; Klinkott 2001; Whiting 2001; Papenfuß/Strocka 2001.
16 Siehe auch Malkin 2001.

17 Grundlegende Veröffentlichung: M. Ventris, J. Chadwick, Documents in Mycenaean Greek, Cambridge 1956, ²1972; siehe F. A. Jorro, Diccionario Micénico I/II, Madrid 1986/1993.

18 Faßbar sind die Berichte der Ägypter über ‹Seevölker› sowie die Einwanderung der ‹Philister› in dem nach ihnen benannten Palästina, vgl. T. Dothan, M. Dothan, People of the Sea. The Search for the Philistines, New York 1992. Eine mykenische Einwanderung oder Zuwanderung hat offenbar um 1200 nach Cypern stattgefunden.

19 Den Orientalen präsentierten sich sich als *Iawones*, hebräisch *Jawan*, akkadisch *Iauna* (siehe Anm. 37). *Jawan* sind Partner von Tyros neben *Tubal* und *Mesech* (= Mushki, Phryger) Ezechiel 27,13. Ursprung und Entwicklung der griechischen Bezeichnung *Iawones/Iones* ist komplex und kann hier nicht diskutiert werden.

20 RE I A 2509. Text: Luckenbill II 36, § 70; der Text Asarhaddons ib. 261 § 690; R. Borger, Die Inschriften Asarhaddons, Königs von Assyrien, Graz 1956, 60 Zeile 63–73 (Nennung der ‹12 Könige›).

21 A. Momigliano, Su una battaglia tra Assiri e Greci, Athenaeum 12 (1934) 412–416 = Quinto contributo alla storia degli studi classici e del mondo antico, Roma 1974, 409–413.

22 Siehe Ivantchik 1993.

23 A. Ramage, P. Craddock, King Croesus' Gold, London 2001. ‹Lud› als Handelspartner von Tyros bei Hesekiel (Ezechiel 27,10), neben Persien und ‹Put›, könnte Lydien meinen.

24 Haupttext bei Streck 1916, 21 (Annalen II 95 ff.); Ivantchik 1993, 95–114; Burkert 2001, 229.

25 Archilochos Fr. 19,1 West.

26 Dazu Sommer 1990.

27 Phöniker auf Rhodos: J. N. Coldstream, The Phoenicians of Ialysos, Bulletin of the Institute of Classical Studies 1 (1969) 1–8. Phönikische Silberschale mit Inschrift in Knossos, Kreta, Archaeological Reports 1976/7, 11–14; Burkert 1992, 158,3.

28 Burkert 2002, 252–273: La via fenicia e la via anatolica. Ideologie e scoperte fra Oriente e Occidente.

29 Vgl. Burkert 1995. Die Baumfabel in orientalischem Stil (Burkert 1992, 121) bei Kallimachos Fr. 194 wird als ‹lydisch› eingeführt.

30 Siehe Anm. 44 zum ‹Würfelhocker› des Pedon.

31 London, Brit. Mus.; Strommenger 1962, Abb. 241; J. M. Dentzer, Le motif du banquet couché dans le Proche Orient et le Monde Grec du VIIᵉ au IVᵉ siècle, Paris 1982. Das ikonographische Schema übernommen z. B. auf der bekannten Vase des Andokides-Malers mit Herakles und Athena, München, LIMC IV s. v. Herakles nr. 1487.

32 Xen. Anab. 3,4,7–12. Der von ihm genannte Name Mespila läßt sich semitisch als ‹Unterstadt› verstehen.

33 Phokylides Fr. 8 West bei Dion or. 36,13.
34 Siehe Anm. 37; Haider 1996; Rollinger/Korenjak 2001.
35 Burkert 1976 zu Homer, Ilias 9,382.
36 Boardman 1964/1999; J. Boardman, Al Mina and History, Oxford Journal of Arch. 9 (1990) 169–190; Boardman in Tsetskhladze 1999, 135–161.
37 H. W. Saggs, Iraq 25 (1963) 76–78; Burkert 1992, 12.
38 H. Kyrieleis, W. Röllig, Ein altorientalischer Pferdeschmuck aus dem Heraion von Samos, Mitteilungen des Deutschen Archäologischen Instituts (Athen) 103 (1988) 37–75; Burkert 1992, 16 und Abb. 2.
39 Siehe Anm. 21.
40 Siehe Anm. 20.
41 V. Karageorghis, Salamis. Recent Discoveries in Cyprus, New York 1969, 23–150, «The Age of Exuberance». Besonders auffallend war ein ‹Schwert mit Silbernägeln›, weil es der homerischen Formel ξίφος ἀργυρόηλον entspricht, Karageorghis 70, Taf. 25.
42 Alkaios Fr. 48; 350; W. Burkert, ‹Königs-Ellen› bei Alkaios: Griechen am Rand der östlichen Monarchien, Museum Helveticum 53 (1996) 69–72.
43 Hdt. 2,152. Griechische Graffiti aus Abu Simbel, um 589, SIG 1.
44 S. Şahin, Epigraphica Anatolica 10 (1987) 1 f.; O. Masson, J. Yoyotte, Epigraphica Anatolica 11 (1988) 171–179; SEG 37,994; 39,1266; frühes 6. Jh.; umstritten, ob es sich um Psammetich I. (656–610) oder II. (595–585) handelt. Ein vergleichbares Monument aus Kamiros, Rhodos: Jeffery 1976, 356 nr. 10. Vgl. Kap. IV.
45 Hdt. 2,178 f.; A. Moeller, Naukratis, Oxford 2000.
46 Älter als die *Perser* des Aischylos ist die Elegie des Simonides auf Pausanias und den Sieg von Plataiai. Simonides führt dabei emphatisch das Paradigma des troianischen Kriegs ein, Fr. 10–18 West. Vgl. zur Umwertung der Troianer in ‹Feinde› auch Erskim 2001, 61 ff.
47 Siehe Bonnet/Pirenne-Delforge 1999; N. Marinatos, The Goddess and the Warrior, The Naked Goddess and Mistress of Animals in Early Greek Religion, London 2000; zum Pferdeschmuck des Königs Hazael Anm. 38.
48 Bietak 2001.
49 H. G. Buchholz, V. Karageorghis, Altägäis und Altkypros, Tübingen 1971, nr. 1267/8; Burkert 1977, 79.
50 Buchholz/Karageorghis 1971, nr. 1740; 1741; Burkert 1977, 89.
51 E. R. Gebhard, The Archaic Temple at Isthmia: Techniques of Construction, in: Bietak 2001, 41–61.
52 Dazu Papenfuß/Strocka 2001.
53 Vgl. auch Burkert 1992, 21–25.
54 Siehe auch Lloyd 2000.
55 Vgl. allgemein Sommer 1990, bes. 260–266, der für Tyros die Verselbständigung der Wirtschaft und die Herausbildung einer Fernhändler-Oligarchie als wesentliche Elemente herausarbeitet.

I. Alphabet und Schriftkultur

1 Eine eigentliche Bibliographie zum Thema würde den Rahmen sprengen. Verwiesen sei auf Jeffery 1961 und 1990; A. Heubeck, Schrift. Archaeologia Homerica III 10, Göttingen 1979; Burkert 1992, 25–33; Woodard 1997.

2 W. F. Albright, The Proto-Sinaic Inscriptions and their Decipherment, Cambridge, Mass. 1966; seither einige kontroverse Neufunde.

3 M. Dietrich, O. Loretz, J. Sanmartín, The Cuneiform Alphabetic Texts, Münster ^{2}1995.

4 Verwiesen sei auf KAI. Vgl. Sommer 2000, 207–209; 278–282.

5 Der Name des dritten Buchstabens gimel/gamma ist umstritten: ‹Kamel› oder akkadisch *gamlu* ‹Krummstab, Bumerang›?

6 Siehe Wendel 1949; zu Aramäisch neben Keilschrift in Urkunden der Assyrerzeit siehe Lemaire 2001.

7 Siehe Kap. V.

8 Woodard 1997.

9 Burkert 1992, 25–33; Osteria dell'Osa bei Gabii, 770 v. Chr., ΕΥΛΙΝ oder ΕΥΟΙΝ: A. La Regina, Scienze dell'antichità 3/4 (1989/90) 83–88; A. M. Bietti Sestieri, La necropoli laziale di Osteria dell'Osa, Roma 1992, 209–212; E. Peruzzi, Parola del Passato 47 (1992) 459–68 und in: Civiltà greca nel Lazio preromano, Florenz 1998; D. Ridgway, in: The Archaeology of Greek Colonisation. Essays dedicated to Sir John Boardman, Oxford 1994, 42 ff.; SEG 48,1266, vgl. auch SEG 48,2101. – Die These von einer weit früheren Übernahme des Alphabets wird noch gelegentlich vertreten, muß sich aber über das Faktum hinwegsetzen, daß Jahrhunderte ohne jedes direkte Zeugnis dafür geblieben sein müßten.

10 Für sich steht das kleinasiatische Karisch, mit Anschluß an Südsemitisches?

11 A. Abou-Assaf, P. Bodreuil, A. R. Millard, La statue de Tell Fekherye, Paris 1982, 39–42.

12 Siehe Burkert 1992, 26.

13 Dipylon-Krug: IG I^{2} 919; Jeffery/Johnston 1990, 76 nr. 1; P. A. Hansen, Carmina Epigraphica graeca I (Berlin 1983) nr. 432; SEG 48,89; Nestorbecher: Jeffery/Johnston 1990, 239 nr. 1; Hansen 454 (Angabe der Datierung verschrieben: lies 725–720 statt 525–520); SEG 46,1327.

14 Burkert 1992, 31.

II. Homer als Dichter der orientalisierenden Epoche

1 Vgl. Burkert 1991 und 1992; auch Bernal 1987.

2 Siehe Einleitung bei Anm. 3–5.

3 Siehe bei Anm. 28.

4 ANET 262–263.

5 Vgl. Burkert 1991, 158 f.
6 Zu den wechselnden Schreibweisen von *Gilgamesh* H. Zimmern bei Oberhuber 1977, 23,1. – A. Jeremias, RML II (1890/97) 773–823; H. Usener, Die Sintfluthsagen, Bonn 1899, 6–13; Useners Hauptanliegen war, den Sintflutmythos entgegen den neuen Zeugnissen als indogermanisch zu erweisen.
7 W. E. Gladstone, Homeric Synchronism, London 1876; Landmarks of Homeric Studies, London 1890, Appendix; Burkert 1991, 160; siehe Anm. 37 und Kap. III Anm. 64.
8 C. Fries, Das Zagmukfest auf Scheria, Leipzig 1910; ZAG.MUK, heute SAG.MU transkribiert, ‹Neues Jahr›.
9 H. Wirth, Homer und Babylon, Freiburg 1921; A. Ungnad, Gilgamesch-Epos und Odyssee, Breslau 1923 = Oberhuber 1977, 104–137; vgl. Burkert 1991, 162–165.
10 G. S. Kirk, Myth, Berkeley 1970, 108; vgl. Burkert 1992, 88 mit Anm. 1.
11 Siehe Einleitung bei Anm. 27–41; Burkert 1992, 9–14.
12 Siehe Kap. I.
13 Immerhin taucht der Name Gilgamesh in einem viel späteren aramäischen Text in Qumran auf, Burkert 1992, 32 f., und als ‹Gilgamos› in einer ganz anderen Erzählung bei Aelian nat.an. 12,21, RE VII 1363 f.
14 A. Parry, ed., The Making of Homeric Verse. The Collected Papers of Milman Parry, Oxford 1971; A. B. Lord, The Singer of Tales, Cambridge, Mass. 1960, ^{2}2000; vgl. Latacz 1991; Morris/Powell 1997.
15 C. M. Bowra, Heroic Poetry, 1952, dt. Heldendichtung, Stuttgart 1964. Siehe Burkert 1992, 114–120; West 1997, 164–275.
16 Burkert 1992, 115 f.; West 1997, 220 ff.
17 Burkert 1992, 116; West 1997, 196–198.
18 Gilgamesh X 1,11 ff.; Burkert 1992, 116; vgl. Nergal und Ereshkigal (Sultantepe-Version II 21′, Dalley p. 167): «Ea … sprach zu seinem Herzen …»
19 Wörtlich: «Als etwas vom Morgen sich erleuchtete»; Burkert 1992, 116; West 1997, 175.
20 Burkert 1992, 117; West 1997, 177–180.
21 Hiob 1,6; Psalm 82,1; 89,8.
22 Burkert 1992, 117; West 1997, 218 ff.
23 Gilgamesh I v, 23–vi, 24, Dalley p. 56–59, nur in der späten, der Ninive-Rezension.
24 Wirth 1921, 112 f.; Burkert 1992, 117; West 1997, 403 f.
25 Gilgamesh II iv, 141–148, v. Soden p. 32; Burkert 1992, 117 f.
26 Ilias 12,322–328.
27 Gilgamesh VI, 162–163; Ilias 22,20; Burkert 1992, 118.
28 Lichtheim II 57–72.
29 Luckenbill 1926/7 II § 252–254; Ilias 20,498–501; Burkert 1992, 118 f.; West 1997, 375 f.

30 Jud. 4; Burkert 1992, 119.
31 Vgl. H. Gese, Die Religionen Altsyriens, Stuttgart 1970, 54; Jeremia 2,27; Ilias 22,126; Od. 19,163; Hes. Theog. 35; Burkert 1992, 119.
32 Od. 19,107–114; Hes. Erga 225–247; Streck 1916, II 6 f.; Burkert 1992, 119.
33 A. Dihle, Homer-Probleme, Opladen 1970, 83–92.
34 Plat. Krat. 402b; Tht. 152e; Arist. Met. 983b27; alle antiken Bezugnahmen verzeichnet Wests Iliasausgabe II, München 2000, zu 14,201. Siehe Burkert 1992, 91 mit Anm. 10; West 1997, 147 f.
35 Ilias 14,201 = 302; 14,246.
36 Siehe bei Anm. 57.
37 Siehe Anm. 7; Hölscher 1953/1968; *Enuma elish* I, 1–5.
38 Sie erscheint als Gattin des Okeanos Hes. Theog. 337; 362; 368; Fr. 343,4; als Titanin Hes. Theog. 136.
39 Burkert 1992, 93; ein Einwand bei West 1997, 147 n. 20.
40 G. Bakir, Sophilos, Mainz 1981, 64 fig. 3; Schefold 1993, 221 Abb. 229i; SEG 35,37; um 570 v. Chr. Die Darstellung von Okeanos und Tethys am Ende, d. h. am ‹Ursprung› des Götterzugs dürfte von der Ilias angeregt sein.
41 Eudemos Fr. 150 Wehrli = Damask. princ. 125, I p. 322,1 Ruelle.
42 Vgl. Dalley 1989, 229 ff.
43 Pirenne/Delforge 1994; Bonnet 1996; zu einer möglichen semitischen Etymologie M. L. West, Glotta 76 (2000) 133–138.
44 Ilias 14,214–217; Burkert 1992, 202 Anm. 18.
45 Ilias 14, 315–328 – Gilgamesh VI, 53–57.
46 Ilias 15,36–38; Od. 5,184–186; Inschrift von Sfire, ANET 659; Burkert 1992, 93 f.; 1996, 171.
47 Burkert 1992, 94.
48 Schefold 1993, 57 Abb. 33; LIMC IV s. v. Hera nr. 202.
49 Ilias 14,274; 279; 15,225; 5,848; 8,478 f.; Burkert 1992, 94.
50 Burkert 1992, 94; Ebeling, RlAss II 396 f. s. v. Enmesharra: ein Gott, der Fruchtbarkeit gibt, der mit 7 Söhnen in der Unterwelt gefangen ist, mit Enlil und Ninurta gekämpft hat. Siehe auch F. Solmsen, The two Near Eastern Sources of Hesiod, Hermes 117 (1989) 413–422.
51 OF 114; Burkert 1992, 94; dort 105–114 über eine mögliche Verbindung des Angriffs der bösen ‹Sieben› im akkadischen Erra-Epos mit dem griechischen Epos von den ‹Sieben gegen Theben›.
52 Burkert 1992, 38; 95.
53 ANET 99 f. – Lambert/Millard 1969; Dalley 1989, 1–38.
54 Atrahasis III vi,10; p.34 Dalley.
55 Atrahasis I,7–17; II v, 16–19, 30–33′, p. 80–3 Lambert/Millard.
56 Atrahasis Tafel X, p. 116–119 Lambert/Millard.
57 Ilias 15,190–193; Burkert 1992, 89 f.; West 1997, 109–111.

58 Hes. Theog. 883–885.
59 Atrahasis III vii,7 p. 35 Dalley.
60 Atrahasis I, 352–359 = II 1–8.
61 Hdt. 2,117.
62 Kypria, Epicorum Graecorum Fragmenta Fr. 1 Davies = Fr. 1 Bernabé.
63 Schol. AD Ilias 1,5; Kypria, Davies p. 34–36; Bernabé p. 43 f. app.
64 Proklos, Davies p. 31; Bernabé p. 38.
65 Fr. 204, 95 ff. Merkelbach/West; West 1997, 480–482.
66 Enuma elish I, 29–54; 47; Dalley p. 234 f.
67 Burkert 1992, 103; Apollodor Bibl. 1,6,3, § 39–44.
68 Als vorhomerisch hatte W. Kullmann den Kyprien-Anfang eingestuft, ohne *Atrahasis* zu kennen: Ein vorhomerisches Motiv im Iliasproömium, Philologus 99 (1955) 167–192.
69 Schefold 1993, 127–129, Abb. 120a; LIMC Alexandros nr. 5 = Aphrodite nr. 1423 = Athena nr. 405.
70 Ilias 24,29.
71 Vgl. Einleitung bei Anm. 20; 41.
72 Für *Gilgamesh* ist die Götterversammlung, in der die Götter über den Tod des Enkidu beschließen, nur in der hethitischen Fassung erhalten, Dalley p. 83 f.
73 Gilgamesh VI, 1–91.
74 Ilias 5,330–431; Burkert 1992, 96–98; West 1997, 361 f.
75 Ilias 21,505–513.
76 Hom. Hymn. Aphr. 45 ff.; 286–288; siehe RE I 2107; RML I 338.
77 Siehe Anm. 43. Die Identität der Namen Ishtar – Aphrodite – Venus hat sich in der Bezeichnung des Planeten erhalten.
78 Burkert 1992, 98 mit Anm. 8. Indogermanische Herkunft von *Dione* nimmt G. Dunkel an, Vater Himmels Gattin, Die Sprache 34 (1988/90) 1–26; doch verwenden Namen auf *-one* einen immer noch lebendigen Wortbildungstyp, müssen also nicht uralt sein.
79 Gilgamesh VI, 53–57.
80 Burkert 1992, 82–87.
81 Od. 4,759–767.
82 Gilgamesh III ii, 1–2; Burkert 1992, 99 f.
83 Ilias 16,220–252.
84 Wohl aber gibt es ein Frauen-Ritual auf den Dächern im Adonis-Kult, Aristoph. Lys. 389–396.
85 Od. 20,201 f.; W. Burkert, Zum altgriechischen Mitleidsbegriff, Diss. Erlangen 1955, 144–146.
86 BWL 190 f. (parodierende Fabel); Enuma elish I,45; Hiob 10,3; 10,8; Burkert 1991, 173 f.
87 Atrahasis I, 27–102.
88 Ilias 1,396–406; Burkert 1992, 104–106; West 1997, 352.

89 J. Duchemin, Prométhée. Histoire du mythe de ses origines orientales à ses incarnations modernes, Paris 1974; S. West 1994.
90 Burkert 1992, 39 mit Anm. 30.
91 Gegenüber der *communis opinio* einer Datierung ‹Homers› noch ins 8. Jh. hat eine Datierung ins 7. Jh. Anhänger gewonnen; vgl. Burkert 1976; J. P. Crielard, Homeric Questions, Amsterdam 1993; M. L. West, The Date of the Iliad, Museum Helveticum 52 (1995) 203–219.
92 E. Reiner, Die Akkadische Literatur, in: W. Röllig, Hg., Altorientalische Literaturen, Wiesbaden 1978, 157.
93 M. L. West, Journal of Hellenic Studies 108 (1988) 169: «Affinities with Near Eastern poetry ... now clamour for attention from Homerists».

III. Ostwestliche Weisheitsliteratur und Kosmogonie: Zur Vorgeschichte der Philosophie

1 Siehe Kap. V; zu Heraklit und Artemistempel unten Anm. 18.
2 Arist. *Peri philosophias* Fr. 6 Rose; Fr. 35 = Diog. Laert. 1,1, vgl. 1,6–11 = Sotion Fr. 36 Wehrli.
3 Damask. Princ. 123–125, I p. 316–324 Ruelle. Vgl. Kap. II Anm. 41.
4 Tatian 31; Clemens Al. Strom. 1,101 ff.; 5,89 ff.
5 Numenios Fr. 8 Des Places; vgl. Aristobulos bei Clem. Strom. 1,150,1.
6 E. Zeller, Die Philosophie der Griechen in ihrer geschichtlichen Entwicklung I, Berlin [7]1923, 21–52, vgl. auch die ‹nota addizionale› von Mondolfo in: E. Zeller, R. Mondolfo, La filosofia dei Greci I 1, Florenz [3]1959, 63–99.
7 Vgl. Kap. II Anm. 7.
8 Cornford 1950.
9 Hölscher 1953/1968.
10 Schwabl 1962; West 1966, 1978; Walcot 1966.
11 K. Reinhardt, Parmenides und die Geschichte der griechischen Philosophie, Bonn 1916; M. Heidegger, Der Spruch des Anaximandros, Holzwege, Frankfurt 1950, 296–343; H. G. Gadamer, Hg., Um die Begriffswelt der Vorsokratiker, Darmstadt 1968.
12 O. Gigon, Der Ursprung der griechischen Philosophie von Hesiod bis Parmenides, Basel 1945. Vgl. R. Buxton, ed., From Myth to Reason? Studies in the Development of Greek Thought, Oxford 1999.
13 Vgl. Anm. 66; Einleitung Anm. 10.
14 A. N. Whitehead, Process and Reality, New York 1941, 63.
15 Siehe Kap. I.
16 Siehe Kap. II, auch zum Zusammenhang griechischer und akkadischer Epik.
17 Anaximandros A 7 Diels/Kranz.
18 Heraklit A 1 Diels/Kranz = Diog. Laert. 9,6. Vgl. M. L. Gemelli Marci-

ano, Le contexte culturel des Présocratiques: adversaires et destinataires, in: A. Laks/C. Louget, éd., Qu'est-ce que la philosophie présocratique?, Lille 2000, 83–114, hier 104 f.

19 Thales B 1/2 Diels/Kranz.

20 Geographi Graeci Minores I 15–96, vgl. K. v. Fritz, Die Griechische Geschichtsschreibung I, Berlin 1967, 52–54.

21 Hekataios FGrHist 1; Karte: 1 T 12 = Anaximandros A 6 Diels/Kranz.

22 FGrHist 2; 3.

23 Burkert 1972, 114–118.

24 Zenon A 1 Diels/Kranz = Diog. Laert. 9,25.

25 Burkert 1992, 41–46.

26 Burkert 1992, 124 f.

27 J. Assmann, Schrift, Tod und Identität, in: A. u. J. Assmann, Chr. Hardmeier, Schrift und Gedächtnis, München 1983, 64–93.

28 Vgl. Uehlinger 1997. Hurritische Weisheitsliteratur ist mit dem ‹Lied von der Freilassung› zugänglich geworden, Neu 1996.

29 Eine selbständige Variante der sogenannten Logien-Quelle liegt im gnostischen ‹Thomasevangelium› vor, Nag Hammadi II 2.

30 Jetzt auch im hurritischen ‹Lied von der Freilassung› belegt, Neu 1996. West, Melammu, 2000, 96. Vielleicht ist es kein Zufall, daß Kallimachos (Fr. 194) die Pflanzenfabel als ‹lydisch› bezeichnet.

31 Lichtheim I 135.

32 W. Schmid, Geschichte der griechischen Literatur I, München 1929, 287 f.

33 Siehe TUAT III 2 320–347; Demokrit B 299 Diels/Kranz (unecht?) = Clem. Strom. 1,69; Theophrast Diog. Laert. 5,50, Schriftenliste nr. 273, p. 40 Fortenbaugh. Die Geschichte von Achiqar ist in der Vita des Aesop bearbeitet, Burkert 1992, 32 f. mit Anm. 30; Holzberg 1992; M. J. Luzzato, Grecia e Vicino Oriente: Tracce della ‹Storia di Ahiqar›, Quaderni di storia 18 (1992) 5–84; Ancora sulla ‹Storia di Ahiquar›, ib. 39 (1994) 253–277.

34 Prov. 31,10; die ‹Babylonische Theodizee›, BWL 95.

35 Prov. 6,1–6 – ἐγγύα, πάρα δ' ἄτα, ‹übernimm eine Bürgschaft und du bist ruiniert›.

36 Bias 10,3 § 6,1 Diels/Kranz; ‹Geld ist der Mensch›, Aristodamos bei Alkaios Fr. 360 Voigt.

37 BWL 74 f.

38 Assmann 1990, 88: Lehren des Amenemhotep, Lichtheim II 152.

39 Kleobulos 10,3 § 1 Diels/Kranz.

40 Od. 18,136 f.; BWL 40 f.; 43, mit einem akkadischen Kommentartext; Burkert 1992, 118.

41 Archilochos Fr. 196a West; W. H. Moran, Harvard Studies in Classical Philology 82 (1978) 17–19; Burkert 1992, 122 f.

42 Siehe Assmann 1990.

43 Heraklit B 94 Diels/Kranz; vgl. Kap. V bei Anm. 72.

44 Anaximandros B 1 Diels/Kranz.
45 Parmenides B 1,11–14 Diels/Kranz.
46 Heraklit B 30 Diels/Kranz.
47 Prov. 1,1–5.
48 Heraklit B 1 Diels/Kranz.
49 Siehe ‹Quellentexte› am Ende dieses Bandes.
50 Überblick im Band Naissance / Schöpfungsmythen; zum ‹Denkmal memphitischer Theologie› unten Anm. 71; Kap. IV Anm. 100.
51 Siehe bei Anm. 66.
52 Gen. 1 und 2,4 ff., wobei ‹Buch der Geburten› (*toledoth*) als Titel des zweiten Teils gelten kann.
53 Der Begriff *just so story* stammt von einem Kinderbuch von Rudyard Kipling, Just so stories for little children, London 1902 (ff.); er wurde als kritischer Terminus von E. E. Evans-Pritchard eingeführt, Theories of Primitive Religion, Oxford 1965, 42, mit Bezug auf ‹Totem und Tabu› von Siegmund Freud.
54 Anaxagoras B 1 Diels/Kranz.
55 Enuma elish I,1–8.
56 Pyramidentext 1040 a–d, vgl. 1466 b–d; Naissance 46.
57 Gen. 1,2.
58 Hes. Theog. 116; der Sinn von ‹Chaos› war in der Antike lebhaft umstritten.
59 Pap. Derveni Kol. 14; Arist. Met. 1071b27; Eudemos Fr. 150 Wehrli; vgl. Kap. IV bei Anm. 87.
60 Anaxagoras B 1 Diels/Kranz.
61 D. Tedlock, Popol Vuh. The Mayan Book of the Dawn of Life, New York 1985, 64.
62 Thales A 12 Diels/Kranz = Arist. Met. 983b20.
63 Hierzu Hölscher 1953/1968.
64 Siehe Kap. II bei Anm. 37.
65 W. Staudacher, Die Trennung von Himmel und Erde, Tübingen 1942 (repr. 1968).
66 Kumarbi: ANET 120, Hoffner-Beckman 40; vgl. West 1966, 20–22; 211–213; siehe auch Ullikummi: ANET 125, Hoffner-Beckman 59; zu Orpheus Kap. IV Anm. 89.
67 Naissance 47 § 9.
68 Anaximandros A 10 Diels/Kranz; vgl. auch Leukippos A 1 § 32 Diels/Kranz.
69 Hierzu Steiner 1959.
70 Gen. 3,21.
71 Ptah im *Denkmal memphitischer Theologie*, Lichtheim I 52–56, Naissance 62–64 / Schöpfungsmythen 83–85. Marduk: «Sprich Zerstören und Schaffen: Es soll fest sein», Enuma elish IV, 22.

72 Xenophanes B 25 Diels/Kranz; Orpheus, Parmenides, Ägypter: siehe Kap. IV bei Anm. 110/111.
73 Vgl. Kap. IV bei Anm. 110.
74 Enuma elish IV/V, p. 254 f. Dalley.
75 Gen. 1,14.
76 Hes. Theog. 371–382.
77 Heraklit B 123 Diels/Kranz. Zu *physis* H. Patzer, Physis. Grundlegung zu einer Geschichte des Wortes, Stuttgart 1993.
78 Parmenides B 12/13.
79 Demokrit A 1 Diels/Kranz = Diog. Laert. 9,35; die spontane Ordnung der Steinchen: Demokrit B 164.
80 B. L. Van der Waerden, Erwachende Wissenschaft, Basel 1956 / Science Awakening, New York 1961; Burkert 1972, 299–301; 428–430.
81 Hypsikles, ed. V. de Falco, M. Krause, O. Neugebauer, Göttingen 1966, p. 36/47; wahrscheinlich hat schon Eudoxos solche Messungen gekannt.
82 Dazu Kap. IV.
83 Burkert 1963; siehe Kap. V bei Anm. 58.
84 Dazu Kap. V bei Anm. 46–52.
85 O. Neugebauer, A History of Ancient Mathematical Astronomy I, Berlin 1975.
86 Livingstone 1986, 78–91; vgl. Burkert 1994.
87 Livingstone 1986, 10; Schibli 1990, 133.
88 Die Überlieferung in bezug auf Chronos/Kronos ist verwirrt, vgl. Schibli 1990 17; 27–29.
89 Burkert 1963, 103.
90 Eudemos Fr. 146 Wehrli; Burkert 1972, 308–310.
91 Kingsley 1992.
92 Plat. Epin. 983e f.: θεῶν εἰκόνας ὡς ἀγάλματα, θεῶν αὐτῶν ἐργασαμένων, Kingsley 1995, 203.
93 Ezechiel 1; vgl. West 1971, 88 f.; Kingsley 1992.
94 Anaximandros A 1 = Diog. Laert. 2,2 = Apollodor FGrHist 244 F 29. Siehe bei Anm. 1.
95 Siehe Einleitung bei Anm. 42.
96 Burkert 1963, 131 f.
97 Vgl. dazu Lloyd 2000.
98 B. L. Van der Waerden o. Anm. 80; Einschränkungen neuerdings bei H. J. Waschkies, Anfänge der Arithmetik im Alten Orient und bei den Griechen, Amsterdam 1989, bes. 302–326.
99 εἰ γὰρ ἔγεντ᾽, οὐκ ἔστιν, Parmenides B 8,20.
100 Vgl. auch Kap. II bei Anm. 86. Dazu auch ‹Von Erde zu Erde› Gen. 3,19; Xenophanes B 27; Fehling 1994, 18 f.
101 Enuma elish 2,65, p. 241 Dalley; vgl. γίγνεσθαί τε καὶ ὄλλυσθαι, εἶναί τε καὶ οὐχι, Parmenides B 8,40.

102 Enuma elish 4,22, p. 250 Dalley.
103 Zum Seinsbegriff des Parmenides Ch. Kahn, The verb Be in Ancient Greek, Dordrecht 1973; U. Hölscher, Der Sinn von ‹sein› in der älteren griechischen Philosophie, Sitzungsber. Heidelberg 1976,3. Vgl. auch W. Burkert, Revealing Nature Amidst Multiple Cultures. A Discourse with Ancient Greeks, in: The Tanner Lectures on Human Values 21 (2000) 125–151.
104 K. Lorenz, Die Rückseite des Spiegels. Versuch einer Naturgeschichte des menschlichen Erkennens, München 1973.

IV. Orpheus und Ägypten

1 A. Wiedemann, Herodots Zweites Buch mit sachlichen Erläuterungen, Leipzig 1890; A. B. Lloyd, Herodotus, Book Two I–III, Leiden 1975–1988.
2 Vgl. Einleitung bei Anm. 45.
3 Nach Herodot 3,40–43 – bei ihm nur ein Briefwechsel.
4 Siehe D. v. Bothmer, The Amasis Painter and his World, Malibu 1985; Papers on the Amasis Painter and his World, Malibu 1987. Vgl. einen ‹Psammetichos, Sohn des Periandros› in Korinth, Arist. Pol. 1315b26, und den Epheben ‹Kroisos› von Anavyssos, IG I^3 1240 = Carmina Epigraphica Graeca ed. P. A. Hansen I nr. 27.
5 Bietak 2001; Einleitung bei Anm. 48.
6 SEG 27,1106.
7 SEG 27,1116.
8 Hdt. 2,42,2; 144,2: Ὦρον τὸν Ὀσίριος παῖδα, τὸν Ἀπόλλωα Ἕλληνες ὀνομάζουσι … Ὄσιρις δέ ἐστι Διόνυσος κατὰ Ἑλλάδα γλῶσσαν; 2,59,2: Ἶσις δέ ἐστι κατὰ τὴν Ἑλλήνων γλῶσσαν Δημήτηρ; 2,156,5: Αἰγυπτιστὶ δὲ Ἀπόλλων μὲν Ὦρος, Δημήτηρ δὲ Ἶσις, Ἄρτεμις δὲ Βούβαστις. Vgl. W. Burkert, Herodot über die Namen der Götter: Polytheismus als historisches Problem, Museum Helveticum 42 (1985) 121–132; Casadio 1996.
9 Entscheidend ist der Linear-B-Text von Chania, E. Hallager, M. Vlasakis, B. P. Hallager, New Linear B Tablets from Khania, Kadmos 31 (1992) 61–87.
10 Pind. Fr. 91; J. G. Griffiths, The flight of the Gods before Typhon: An unrecognized myth, Hermes 88 (1960) 374–376; Aisch. Hik. 560: Die Macht Typhons im Konflikt mit dem Segen des Nil.
11 Boardman 1980, 137 f. mit Abb. 162/3; LIMC Dionysos nr. 828; 829; 839–841; W. Burkert, Homo Necans, Berlin 1972, 222–224; C. Auffarth, Der drohende Untergang, Berlin 1991, 213–220; Casadio 1996, 220,73. Das Dionysos-Schiff auf Wogen: LIMC Dionysos nr. 790. Das Dionysos-Schiff bei den Anthesteria von Smyrna: Aristid. or. 17,6; Philostr. Vit.soph. 17,6.

12 Traditionellerweise ‹Lenäen-Vasen› genannt: F. Frontisi-Ducroux, Le Dieu Masque, Paris 1991.

13 LIMC s. v. Hathor nr. 1 ff., 12 Exemplare. Dazu vor allem eine Vase aus Cypern, Louvre AM 393d: V. Karageorghis, J. des Gagniers, La Céramique chypriote de style figuré, Rom 1974, Taf. 510, ‹Style d' Amathonte› nr. 7; A. Caubet, La religion à Chypre dans l'antiquité, Lyon 1979, Abb. 58; LIMC Hathor nr. 16.

14 Bibliographie bis 1922: OF 345–50; bis 1950: Nilsson 1952, 628 f. Vgl. auch Riedweg 1996. Eine neue Edition der Orphicorum Fragmenta plant A. Bernabé.

15 Dazu Zuntz 1971, 287–293.

16 Dieterich 1891, 30–41 = 1911, 91–100; 1893/1913, 84–108; Harrison 1903/1922, 572–594; Murray ib. 659–73; Zuntz 1971, 299–327.

17 Die höchste Einschätzung, nahe christlicher Offenbarung, fand der ‹orfismo› bei V. Macchioro, Zagreus. Studi sull'Orfismo, Bari 1920; Zagreus. Studi intorno all'Orfismo, Florenz 1930.

18 Wilamowitz 1932, II 192–204; I. M. Linforth, The Arts of Orpheus, Berkeley 1941.

19 Nilsson 1952; Dodds 1951, 147–56.

20 Zuntz 1971. Gegen den Hipponion-Text schrieb Zuntz 1976; wenn er diesen zu einer vereinzelten Kuriosität machen wollte, ist dem mit der Publikation von Frel 1994 endgültig die Grundlage entzogen.

21 Foti/Pugliese Carratelli 1973; Pugliese Carratelli 2001, I A 1. Für den Anfang des Textes scheint Μνημοσύνης τόδε θρῖον (West; HPION lamella; hιρόν Pugliese Carratelli) durch Aristoph. Ran. 134 gestützt.

22 Nilsson verlegte seine Besprechung der Goldblättchen in den zweiten Band seines Handbuchs (1950, 223–27; ²1962, 235–39) und setzte sie ausdrücklich nach Platon an.

23 A. C. Cassio, ΠΙΕΝΑΙ e il modello Ionico della laminetta di Hipponion, A.I.O.N. 16 (1994) 183–205.

24 Frel 1994; Pugliese Carratelli 2001, I A 4 p. 76 f. – Pherai: SEG 45,646; Pugliese Carratelli 2001, II C 2 p. 123 f.

25 Aigion: SEG 34,338; 41,401; Bernabé/Jiménez San Cristobal 2001, 212; 279 f.; auch sie stehen, wie die Grabfunde zeigen, in dionysischem Zusammenhang: M. Osanna, Santuari e culti dell'Acaia antica, Neapel 1996, 199 f. – Pella: Bernabé/Jiménez San Cristobal 2001, 211 f.; 279 f.; vgl. Anm. 40. – Sfakaki: I. Gavrilaki, Y. Z. Tzifopoulos, An «Orphic-Dionysiac» Gold Epistomion from Sfakaki near Rethymno, Bulletin de Correspondance Hellénique 122 (1998) 343–355.

26 Archaeological Reports 1988/89, 93.

27 Rusajeva 1978, siehe Anm. 60.

28 Zeitschrift für Papyrologie und Epigraphik 47 (1982); Laks/Most 1997, mit vollständiger Bibliographie und englischer Übersetzung. Gegenüber

der Ausgabe von 1982 hat sich die Kolumnenzahl um 4 erhöht; im folgenden wird nach der neuen Zählung zitiert. Neue englische Übersetzung nach verbessertem Text: R. Janko, Classical Philology 96 (2001) 18–32.

29 Archäologische Publikation des Fundes: P. G. Themelis, G. P. Touratsoglou, Οι τάφοι του Δερβενίου, Athen 1997. – Eine 1981 in Athen gefundene Papyrusrolle aus dem 5. Jh. v. Chr. konnte bisher nicht lesbar gemacht werden; eine in einem Grab in Kallatis, Rumänien, gefundene Papyrusrolle ist sofort zu Staub zerfallen.

30 Siehe bei Anm. 82/83.

31 Zusammenfassende Edition durch Pugliese Carratelli 1993; 2001; Auswahl bei Scarpi 2001; Sammlung, spanische Übersetzung und Kommentar bei Bernabé/Jiménez San Cristobal 2001. Vgl. Borgeaud 1991; Bottini 1992; Graf 1993; Giangiulio 1994; Dettori 1996; Riedweg 1998.

32 Pugliese Carratelli 2001, I A 1,15 f., p. 40.

33 Pugliese Carratelli 2001, II B 3/4, p. 114–117.

34 Plat. Rep. 364b–366ab, hier 366a; dazu Pindar Fr. 248 über ‹Weihen, die vom Leiden lösen› (*lysiponoi teletai*) und so ‹Seligkeit› bewirken.

35 Pugliese Carratelli 2001, II C 2, p. 123.

36 Vgl. Burkert 1990 = 1994, 37–39.

37 Plat. Rep. 364b–365a.

38 P. Derv. Kol. XX.

39 Graf 1974, 40–50.

40 γήραι μυστικὸν οἶμον ἐπὶ Ῥαδάμανθυν ἱκοίμην, Supplementum Hellenisticum 705, 22; Burkert 1974, 85. Vgl. Hegesippos AP 7,545: Weg nach rechts ‹zu Rhadamanthys›. Man hat gerade in Pella ein Goldblättchen gefunden mit der knappen Aufschrift ΦΕΡΣΕΦΟΝΗΙ ΠΟΣΕΙΔΙΠΠΟΣ ΜΥΣΤΗΣ «Poseidippos der Myste, an Persephone», Bernabé/Jiménez San Cristobal 2001, 211 f.; sollte es sich bei diesem Poseidippos um den Dichter handeln? Nach der epigraphischen Datierung wäre eher an seinen Großvater zu denken; vgl. Dickie 1995; Rossi 1996.

41 Relief von Rhodos, Nilsson 1961, Taf. 4,1; IG XII 1,141 = Peek 1916. Es könnte sich um den Peripatetiker Hieronymos von Rhodos handeln.

42 Accius 687 Ribbeck = Varro ling. Lat. 7,19.

43 Pind. Fr. 131a: ὄλβιοι δ' ἅπαντες αἴσαι λυσιπόνων τελετᾶν.

44 Pind. Fr. 137: οἶδε μὰν βίου τελευτάν, οἶδεν δὲ διόσδοτον ἀρχάν.

45 Pugliese Carratelli 2001, II B 3/4, p. 114–117: νῦν ἔθανες καὶ νῦν ἐγένου, τρισόλβιε, ἄματι τῶιδε. Der Vers wird metrisch, wenn man z. B. μάκαρ statt τρισόλβιε einsetzt.

46 Angedeutet Plat. Krat. 400c = OF 8, dazu Phd. 62b = OF 7; pythagoreisches Akusma Iambl. VP 85; Arist. Fr. 60; vermutet in der ‹Trauer der Persephone› Pindar Fr. 133, siehe Burkert 1977, 443. Von abbezahlter Buße (ποινή) sprechen zwei Texte von Thurioi und der Text von Pherai.

47 Die aus Pindar, Herodot, Empedokles und Platon (Vergeltung als ‹Recht

des Rhadamanthys› nach der Lehre der *teletai*: Plat. Leg. 870d) bekannte Lehre der Seelenwanderung bleibt in den Goldblättchen undeutlich. Die Quelle, in der laut den B-Texten (Hipponion, Entella) «die herabkommenden Seelen sich kühlen», im Kontrast zum ‹See der Erinnerung›, muß doch wohl mit ‹Vergessen›, *Lethe*, und darauffolgender Wiederverkörperung (Plat. Rep. 621a) zu tun haben. Auch der ‹Flug heraus aus dem Rad› in einem Text aus Thurioi (Pugliese Carratelli 2001, II B 1, p. 102 f.; Zuntz 1971, 318–22) kann nur auf die Seelenwanderung Bezug nehmen. Das ‹Rad› erscheint auch in orphischen Versen, die wohl schon Platon kannte, OF 229; 230 – Plat. Leg. 713e.

48 Jeffery 1961/1990, 240 nr. 12; Burkert 1977, 438; 1994, 27: οὐ θέμις ἐνθοῦθα κεῖσθαι (ε)ἰ μὲ τὸν βεβαχχευμένον.

49 Pugliese Carratelli 2001, II A 1, p. 98 f., II A 2 p. 100 f.

50 Pugliese Carratelli 2001, I A 2, p. 67 f.

51 Pind. Ol. 2,70, offenbar nach der Variante von Hesiod, Erga 173 a–e.

52 Pugliese Carratelli 2001, II B 2, p. 112 f.

53 Hdt. 2,81; siehe bei Anm. 118.

54 Tsantsanoglou 1997, 114 n. 38; SEG 45,646; Pugliese Carratelli 2001, II C 2 p. 123 f.; siehe Anm. 24.

55 Den Begriff ‹Totenpaß› hatte H. Diels für die Goldblättchen eingeführt, Ein orphischer Totenpaß, in: Philotesia für P. Kleinert, Berlin 1907, 41–49.

56 Das gleiche Phänomen zeigt ein Graffito aus Olbia, das um 300 datiert wird, Dubois 1996, nr. 96; es bezieht sich auf eine kultische Gruppe, die ‹Kultgenossen vom Norden› (*boreikoi thiasitai*), und rezitiert: ΒΙΟΣ ΒΙΟΣ ΑΠΟΛΛΩΝ ΑΠΟΛΛΩΝ ΗΛΙΟΣ ΗΛΙΟΣ ΚΟΣΜΟΣ ΚΟΣΜΟΣ ΦΩΣ ΦΩΣ, ‹Leben – Leben, Apollon – Apollon, Helios – Helios, Welt – Welt, Licht – Licht›.

57 Pugliese Carratelli 2001, II A 1, p. 98 f.; II A 2, p. 100 f.

58 In den Kabirenmysterien bei Theben spielt ein *pais* eine zentrale Rolle, vgl. die oft publizierte Kabiren-Vase, Nilsson 1967, Taf. 48,1; LIMC VIII s. v. Megaloi Theoi nr. 25.

59 OF 31; 1 B 23 Diels/Kranz; J. Hordern, Notes on the Orphic Papyrus from Gurôb (P. Gurôb 1. Pack^2 2464), Zeitschrift für Papyrologie und Epigraphik 129 (2000) 131–140 (Mitte 3. Jh. v. Chr.).

60 Rusajeva 1978, 87–104; West 1983, 17–20; Dettori 1996; Neuedition in Dubois 1996, nr. 94. Ergänzende Lesung durch Vinogradov 1991. Der letzte Buchstabe von ΟΡΦΙΚΟΙ ist undeutlich.

61 Pind. Fr. 137, oben Anm. 44.

62 Dazu Kap. V Anm. 28.

63 Heraklit B 14; 28 Diels/Kranz.

64 Hdt. 4,78–80; Burkert 1977, 434; 1994a, 47.

65 F. Sokolowski, Lois Sacrées de l'Asie Mineure, Paris 1955, nr. 48; Burkert 1994, 38.

66 Erstveröffentlichung durch Rusajeva 1978; Dubois 1996, nr. 92: ΔΗΜΩΝΑΣΣΑ ΛΗΝΑΙΟ ΕΥΑΙ ΚΑΙ ΛΗΝΑΙΟΣ ΔΗΜΟΚΛΟ ΕΥΑΙ. Vgl. Burkert 1994a, 27 (der an zweiter Stelle genannte Lenaios ist wohl nicht der Vater, sondern der Sohn von Demonassa, der des Großvaters Namen trägt). Falsch die Datierungsangabe «late fifth cent. B. C.?» SEG 42,721 mit Berufung auf F. Tinnefeld, Zeitschrift für Papyrologie und Epigraphik 38 (1980) 70 f., der vielmehr «Ende 6. Jh.» nennt. – EUAI auch auf einem Graffito auf einem Skyphos von Berezan bei Olbia, 6. Jh., SEG 32,779; Dettori 1996, 302.

67 Maßgebend ist A. D. Trendall, The Red-figured Vases of Lucania, Campania, and Sicily, Oxford 1967; A. D. Trendall, A. Cambitoglou, The Red-Figured Vases of Apulia I–III, Oxford 1978/82; zur ‹Orphik› Schmidt 1975; Schmidt/Trendall/Cambitoglou 1976.

68 S. I. Johnston, T. J. McNiven, Dionysos and the Underworld in Toledo, Museum Helveticum 53 (1996) 25–36.

69 Paus. 2,37,5.

70 Hor. carm. 2,19,29–31. Allerdings hat der Bacchus des Horaz Hörner, was in der apulischen Vasenmalerei nicht vorkommt.

71 Schmidt 1975, Taf. 10–13; Bianchi 1976, Abb. 69–71.

72 Schmidt 1975, Taf. 1–6.

73 BM F 270; Trendall/Cambitoglou (Anm. 67) 18/318; Schmidt 1975, 120 f. mit Taf. 14.

74 Veröffentlicht von Schmidt 1975, Taf. 7–8; Schmidt/Trendall/Cambitoglou 1976, 32f., Taf. 11.

75 Nur zu erwähnen ist hier die fast lebensgroße Terrakotta-Gruppe von Orpheus und den Sirenen, die offenbar aus einem apulischen Kammergrab ins Paul Getty-Museum nach Malibu, California, gelangt ist, The P. J. Getty Museum. Handbook of the Collection, Malibu 1986, 33; A. Bottini, P. G. Guzzo, Orfeo e le sirene al Getty Museum, Ostraka 2 (1993) 52; dazu W. Burkert, Orphism and Bacchic Mysteries: New Evidence and Old Problems of Interpretation. The Center for Hermeneutical Studies, Colloquy 28, Berkeley 1977, 31.

76 Rohde 1898, II 390 f. (der wenige Goldblättchen und das Totenbuch nur indirekt kannte); Zuntz 1971, 370–376; E. Hornung, Das Totenbuch der Ägypter, Zürich 1979, 128–130, Spruch 58/59.

77 Vgl. Burkert 1994a, 31 Anm. 76.

78 G. Maass-Lindemann, M. Maass, Ägyptisierende Amulett-Blechbänder aus Andalusien, Madrider Mitteilungen 35 (1994) 140–156; G. Hölbl, Ägyptisches Kulturgut im phönikischen und punischen Sardinien, Leiden 1986, 338–53; Ägyptisches Kulturgut auf Malta und Gozo, SBWien 538, 1989, 104–123; Kotansky 1991, 115. Ein frühes Goldblättchen, 8./7. Jh.: Guzzo Amadasi 1967, 121 (Sardegna nr. 38, aus einem Tophet, 7 Buchstaben).

79 Hdt. 2,49.

80 Himmliche Herkunft, «Ich heiße Asterios», Pugliese Carratelli 2001, I A 312 p. 73 f. (Pharsalos); siehe Kap. V bei Anm. 47; Heraklit B 14 nennt *bakchoi* und *mágoi* zusammen; vgl. oben bei Anm. 62 zu den Olbia-Graffiti und Heraklit.

81 C. Watkins, How to Kill a Dragon, Oxford 1995, 284–291, mit Bezug auf Hoffner-Beckmann 1990, 32 f.

82 Siehe Burkert 1968.

83 Stesimbrotos Περὶ Τελετῶν (FGrHist 107 F 12–20) wurde von Burkert 1986 aufgrund kleiner textlicher Anklänge vorgeschlagen.

84 Nachgewiesen von Obbink 1994 im Anschluß an A. Henrichs, Cronace Ercolanesi 5 (1975) 18: Der Text des Philodemos κἀν τοῖς Ὕμνοις δὲ Ὀρφεὺς παρὰ Φιλοχόρωι Γῆν καὶ Δήμητρα τὴν αὐτὴν Ἑστίαι … entspricht evidentermaßen dem Zitat «in den Hymnen» Kol. 22[18]. Der Passus könnte verstanden werden, als sei Philochoros selbst der Autor von Derveni; nach den chronologischen Indizien, die Inhalt und Stil ergeben, kommt dies nicht in Frage.

85 West 1983, 114 f., danach Scarpi 2002, 366–369 (Orfismo A 7).

86 OF 334 und 13; Plat. Symp. 218b: θύρας ἐπίθεσθε, βέβηλοι; P. Derv. Kol. VII 9, Laks/Most 1997, 95. Für den Anfangsteil dieses Verses gibt es die Varianten Ἀείσω συνετοῖσι und φθέγξομαι οἷς θέμις ἐστίν, vgl. Tsantsanoglou 1997, 125f.; auf die Fassung mit συνετοί scheinen Pindar Ol. 2,85 und Bakchylides 3,85 anzuspielen.

87 Οὐρανὸς Εὐφρονίδης, ὃς πρώτιστος βασίλευσεν, Kol. 14[10],6; Eudemos Fr. 150 Wehrli; Arist. Met. 1071b27.

88 OF 220 = Olympiod. In Phd. 1,3, p. 41f. Westerink; in späten, alchemistischen Zusammenhang versetzt durch Brisson 1992. – Nicht kompatibel ist die Derveni-Theogonie mit derjenigen, die man aus Aristophanes Av. 690 ff. zu erschließen und ‹orphisch› zu nennen pflegt, OF 1: Nichts in der Derveni-Theogonie weist auf ein ‹Weltei›.

89 ἐκ τοῦ δὴ Κρόνος αὖτις, ἔπειτα δὲ μητιέτα Ζεύς Kol. 15[11],6.

90 <βασιλῆος> αἰδοῖογ κατέπινεν, ὃς αἰθέρα ἔχθορε πρῶτος Kol. 13[9],4.

91 καὶ δαίμονα κυδρὸν | αἰδοῖον κατέπινεν West 1983, 85 f., vgl. 114; ihm folgten Laks/Most 1997, 15 f.; anders Janko 2001 (Anm. 28) und A. Bernabé, De Tales a Demócrito, Madrid 2001; zu αἰδοῖον im Sinne von Phallos vgl. Heraklit B 15.

92 ἀρχὴν ἐν χείρεσσ' ἔλαβεν καὶ δαίμονα κυδρόν Kol. 8[4],5; 7; 10; Kol. 9[5],10.

93 14[19],1 … ἐχθόρηι τὸν λαμπρότατόν τε καὶ λευκότατον.

94 Aisch. Fr. 15 Radt = Hesych s. v. θρώσκων· θρώσκων κνώδαλα paraphrasiert ἐκθορίζων καὶ σπερματίζων. Kol. 21[17],1 ΘΟΡΝΗΙ, ein *hapax*, Konjekturen ausgesetzt.

95 Vgl. Diod. 1,22,6: der ‹verborgene Phallos des Osiris› spiele in in *teletai* und Opfern der Ägypter eine Rolle.
96 Siehe Einleitung Anm. 10; Kap. III Anm. 66.
97 Hes. Theog. 886–900. Wahrscheinlich kam auch bei Orpheus das Verschlucken der Metis vor, Kol. 15[11],13, sehr fragmentarisch.
98 OF 199, Haupttext ist Prokl. Tim. I 407 f.; Orph. Hymn. 49; vgl. M.-C. Trémouille, dHebat. Une divinité Syro-anatolienne, Florenz 1997.
99 Bickel 1994, 72–83.
100 Lichtheim I 52–56; Naissance 62–64 / Schöpfungsmythen 83–85; siehe Kap. III Anm. 71; Pyramidentext 1248a ff.; Kosmogonie von On, West 1983 , 188 f.
101 Hdt. 2,137; 139; 152.
102 … πρωτογόνου βασιλέως αἰδοίου· τοῦ δ' ἄρα πάντες
ἀθάνατοι προσέφυν μάκαρες θεοὶ ἠδὲ θέαιναι
καὶ ποταμοὶ καὶ κρῆναι ἐπήρατοι, ἄλλα τε πάντα
ὅσσα τότ' ἦν γεγαῶτ(α)· αὐτὸς δ' ἄρα μοῦνος ἔγεντο.
103 Siehe A. Erman, Die Religion der Ägypter, Berlin 1934, 310; 325; Hornung 2000.
104 Hymnus auf Ninurta: ein ganzes Pantheon wird zu Körperteilen des Gottes, Von Soden SAHG 258 f.; Forster 619 f.; B. N. Porter, ed., One God or Many?, Casco Bay 2000, 240–251. Vergleichbar ist auch der Marduk-Hymnus, der aber nicht mit Körperteilen, sondern mit Abstracta arbeitet: ‹Enlil ist dein Königtum› etc., E. Ebeling, Die akkadische Gebetsserie ‹Handerhebung›, Berlin 1953, 15; S. Parpola in: M. Dietrich, O. Loretz, Hg., Vom Alten Orient zum Alten Testament, Kevelaer 1995, 399.
105 OF 167: καὶ ποταμοὶ καὶ πόντος ἀπείριτος, ἄλλα τε πάντα,
πάντες τ' ἀθάνατοι μάκαρες θεοὶ ἠδὲ θέαιναι,
ὅσσα τ' ἔην' γεγαῶτα καὶ ὕστερον ὁππόσ' ἔμελλεν …
106 OF 168; mit iranischen und indischen Materialien zusammengestellt bei Reitzenstein/Schaeder 1926, 69–103; A. Olerud, L'idée de macrocosmos et de microcosmos dans le ‹Timée› de Platon, Uppsala 1951, 114–128; 129–152.
107 Kol. 17[13]; 19[15], entsprechend OF 21a,1; 2; 7 und 168,1; 2; 5. Platon Leg. 715e zitiert den Vers aus Kol. 17[13] = OF 21a,2 = 168,2.
108 Ζεὺς πρῶτος γένετο, Ζεὺς ὕστατος ἀργικέραυνος.
Ζεὺς ἀρχή, Ζεὺς μέσσα, Διὸς δ' ἐκ πάυτα τέτυκται.
Ζεὺς βασιλεὺς, Ζεὺς ἀρχὸς ἁπάντων …
109 Am wichtigsten ist Plat. Phlb. 66c = OF 14.
110 Kol. 23[19],4; vgl. OF 81.
111 Vgl. Bickel 1994, 106 f.; 145.
112 OF 220 = Olympiodor In Phd. 1,3 p. 41 f. Westerink.
113 Brisson 1995.

114 Enuma elish VI, 1–34; vgl. Atrahasis I, 213–217; 228–230; Burkert 1992, 126 f.

115 Burkert 1967.

116 Kol. 23 – POxy 221,9 = Schol. Ilias ed. Erbse V 93.

117 Siehe A. Bernabé, Referencias a textos órficos en Diodoro, in: L. Torraca, ed., Scritti in onore di Italo Gallo, Neapel 2002, 67–96. Siehe bes. Diod. 1,21–23; 1,96–97; der verborgene Phallos 1,22,7; Kronos und die Titanen 1,97,5.

118 Hdt. 2,81,2: ὁμολογέει δὲ ταῦτα τοῖσι Ὀρφικοῖσι καλεομένοισι καὶ Βακχικοῖσι, ἐοῦσι δὲ Αἰγυπτίοισι καὶ Πυθαγορείοισι. οὐδὲ γὰρ τούτων τῶν ὀργίων μετέχοντα ὅσιόν ἐστι ἐν εἰρινέοισι εἵμασι θαφθῆναι. Für die ‹lange Version› Burkert 1972, 127 f.; L. Ja. Zhmud', Orphism and Graffiti from Olbia, Hermes 120 (1992) 159–168, hier 164, argumentiert dagegen, der Beleg für ‹Orphikoi› auf dem Graffito von Olbia (Anm. 66) spreche für die gleiche Form bei Herodot und damit für die Kurzfassung. Mir scheint für Herodot das Argument von Dodds 1951, 169 n. 80 weiter zu bestehen: τούτων τῶν ὀργίων im Folgesatz weist auf Neutra.

119 Zum Begriff *orgia* vgl. A. Motte, V. Pirenne-Delforge, Kernos 5 (1992) 119–140. Von *orgia* im Mysterienzusammenhang spricht schon der alte eleusinische Demeter-Hymnos (273, 476).

120 Goldblättchen vom Hipponion-Typ, oben bei Anm. 21. Man verweist auf Philolaos A 30 Diels/Kranz, Iambl. VP 165, Diod. 10,5,1 = 58 D 1 Diels/Kranz, Diog. Laert. 8,4 = 14, 8 Diels/Kranz; vgl. Zuntz 1971, 380 f. – Auch eine merkwürdige rituelle Regel, ‹Gekochtes nicht zu braten›, ist für eine *telete* doch wohl ‹bakchischer› Art ebenso wie für die Pythagoreer bezeugt, Arist. probl. ined. 3,43 Bussemaker; Iamb. VP 154; Ath. 656b; dazu M. Detienne, Dionysos mis à mort, Paris 1977, 161–207.

V. Persien und die Magier

1 Neuere Darstellungen: Högemann 1992; Briand 1996; Wiesehöfer 1996.

2 Vgl. Boardman 2000.

3 Vgl. auch Burkert 1995.

4 A. H. Anquetil-Duperron, Zend-Avesta. Ouvrage de Zoroastre, Paris 1771; vgl. R. Schwab, Vie d'Anquetil-Duperron, Paris 1934.

5 Siehe Quellentexte.

6 M. Boyce, A History of Zoroastrianism I, Leiden 1975; Kingsley 1990; Gnoli 1994, 472 f.; Gnoli 2000.

7 FGrHist 765 F 32; vgl. Kingsley 1995. ‹Mitra› erscheint bei Hdt. 1,131, kurioserweise als Name der großen Göttin.

8 Vgl. bei Anm. 62–65; zum *magikos* (Antisthenes?) Anm. 22. Aristoxe-

nos Fr. 13 schreibt *Zaratas*; eigentümlich ist *Zathraustes* Diod. 1,94,2. Ferner Deinon FGrHist 650 F 5; Eudoxos Fr. 342 Lasserre; Iustin. 1,1,9, vielleicht nach Ktesias. Vgl. Kingsley 1995; De Jong 1997 – der den Derveni-Papyrus noch nicht kennt und das Dekret des Dareios über die Verbreitung seines Berichts in den Provinzen nicht beachtet.

9 Siehe Reitzenstein/Schaeder 1926; Widengren 1965 und 1983.

10 W. Burkert, Die Artemis der Epheser, in: H. Friesinger, F. Krinzinger, Hg., 100 Jahre Österreichische Forschungen in Ephesos, Wien 1999, 59–70, hier 62 f. Zur Etymologie des Namens siehe Anm. 13.

11 Strabo 14 p. 641; vgl. Heraklit epist. 9: Megabyzus als unmännlich; *tympana* assoziiert mit ihm: Quint. inst. or. 5,12,21.

12 *Pompa* des Megabyzus von Apelles, Plin. n.h. 35,93, vgl. Plut. adul. 58d; tranqu. 471f; Ael. v.h. 2,2 (der Zeuxis nennt); Begräbnis eines Megabyxos, Gemälde von Antidotos in Ephesos, Plin. n.h. 35,132.

13 F. Justi, Iranisches Namenbuch, Marburg 1895, 56 f.; danach Liddell/Scott s. v. μεγάβυξος. E. Benveniste, Titres et noms propres en Iranien ancien, Paris 1966, 108–115, dazu Miller, Language 44 (1968) 846; zustimmend M. Mayrhofer, Iranisches Personennamenbuch I 2, Wien 1979, 16.

14 Behistun-Inschrift § 68, altpersisch und akkadisch erhalten; Hdt. 3,70,3.

15 RE s. v.; bei Deinon FGrHist 690 F 1 als Βαγάβαζος transkribiert.

16 Eine Geschichte über einen Epheser, der von Kroisos zu Kyros überging, bei Ephoros FGrHist 70 F 58.

17 Polyb. 21,37,4–7, 190 v. Chr. Vgl. auch den ‹Medismos›, der den Branchiden von Didyma vorgeworfen wurde; hierzu H. W. Parke, The massacre of the Branchidae, Journal of Hellenic Studies 105 (1985) 59–68.

18 R. Meiggs, D. Lewis, A Selection of Greek Historical Inscriptions to the End of the fifth Century B.C., Oxford 1969, nr. 12, p. 20 f.

19 Das Fragment von Demokritos von Ephesos, FGrHist 267, Περὶ τοῦ ἐν Ἐφέσωι ναοῦ καὶ τῆς πόλεως, beschreibt ephesischen Kleiderluxus in persischem Stil.

20 Siehe Kap. III Anm. 2.

21 Vgl. Graf 1994, 31–45.

22 Arist. Fr. 32–36, bes. Arist. Fr. 36 = Diog. Laert. 1,6–8; zum strittigen Autor Suda s. v. Antisthenes = Arist. Fr. 33; weil nach modernem Urteil ein Buch mit solchem Titel unmöglich ‹echt› sein kann, wird es meist als historisch bedeutungslos gewertet. Μάγοι = οἱ περὶ τὸ θεῖον σοφοί auch Porph. abst. 4,16.

23 Plut. Them. 29,16; dieses Zeugnis ist unabhängig von Herodot und könnte, da Themistokles etwa 459/8 starb, sogar älter sein als dessen Werk.

24 Hippocr. Morb. Sacr. VI 354 Littré: ἄνθρωποι οἷοι καὶ νῦν εἰσι, μάγοι τε καὶ καθαρταὶ καὶ ἀγύρται καὶ ἀλαζόνες.

25 Soph. O.T. 387, verbunden mit ἀγύρτης.
26 Eur. Or. 1496, der Phryger spricht: φαρμάκοις ἢ μάγων τέχναις; vgl. Plat. Polit. 280d: τὴν μαγευτικὴν (τέχνην) τὴν περὶ τὰ ἀλεξιφάρμακα.
27 Gorgias B 11, 10 Diels/Kranz.
28 νυκτιπόλοις μάγοις B 14 = Fr. 87 Marcovich, p. 465–467; Marcovich folgt Reinhardt in der Athetese; dagegen Tsantsanoglou 1997, 115, 43. Das Attribut ‹in der Nacht schweifend› ist singulär und für uns nicht weiter erklärbar; dies spricht eher für Authentizität. Präsenz von *mágoi* in Ephesos, am Tempel der Artemis, ist in der Anekdote vom Tempelbrand 356 v. Chr. vorausgesetzt, Plut. Alex. 3,7 vgl. Cic. n. d. 2,69, div. 1,47. – Enge Verbindung der Philosophie des Heraklit mit dem Iranischen ist immer wieder vermutet oder behauptet worden, vor allem in der ‹Lehre vom Feuer› und der göttlichen Ordnung, *nomos – logos – asha*. Über Möglichkeiten ist kaum hinauszukommen; siehe etwa West 1971, 111–202. Der iranische Feuerkult wird erst im hellenistischen Kleinasien faßbar und erfährt seine volle Ausgestaltung im Sassanidenreich.
29 Inschrift von Behistun (vgl. Anm. 5) § 11, vgl. §§ 13; 14; 16; 52; 68.
30 Yasna 65,7.
31 Koch 1992, 279 f.
32 Bidez/Cumont 1938.
33 KAI 265: ἐμάγευσα Μίθρηι – *m'gjs l mitrh.*
34 Plin. n. h. 30,16 f., vgl. Tac. Ann. 15,29. Eine alte Vermutung sieht in der Huldigung der Magier zu Bethlehem, Matth. 2, einen Reflex dieses Ereignisses.
35 Brown III 2001, 91 f.
36 R. C. Zaehner, Zurvan. A Zoroastrian Dilemma, Oxford 1955; Widengren 1965, 283–295; West 1971, 30–33.
37 Reitzenstein/Schaeder 1926, 38–68; laut Heubeck 1955 ein klarer Fall orientalischen Imports. Dies mag zutreffen, doch sind die iranischen Pahlavi-Quellen ihrerseits eher sekundär. Vgl. Burkert 1983; siehe auch Widengren 1983, 151–154.
38 A. Goetze, Persische Weisheit in griechischem Gewande, Zeitschrift für Indologie und Iranistik 2 (1923) 60–98, 167–177; schwankend dazu J. Duchesne-Guillemin, Harvard Theological Review 49 (1956) 115–122 und 1966, 427; vgl. Momigliano 1975, 128 f.
39 Zum folgenden Bremmer 2002.
40 Gilgamesh XII iv, 5 f., p. 123 Dalley.
41 Ed. Piras 2000.
42 Yasna 31,7; 21.
43 Yasna 43,3; 35,11.
44 Yasna 51,15.
45 L. Rougier, L'origine astronomique de la croyance pythagoricienne en l'immortalité céleste des âmes, Kairo 1933, vgl. Burkert 1972, 358–360.

46 Epicharm 23 B 9; 22 Diels/Kranz = 213; 254 Kassel/Austin.
47 Eur. Erechtheus Fr. 65,72 in C. Austin, Nova Fragmenta Euripidea, Berlin 1968, 38: εἰς δ᾿ αἰθέρ᾿ αὐτῶν πνεῦμ᾿ ἐγὼ κατῴκισα.
48 Eur. Hik. 532: πνεῦμα μὲν πρὸς αἰθέρα …
49 IG I² 945 = I³ 1179 = P. A. Hansen, Carmina epigraphica Graeca saeculorum VIII–V a. Chr., Berlin 1983, nr. 10: ΑΙΘΕΡ ΜΕΝ ΦΣΥΧΑΣ ΥΠΕΔΕΧΣΑΤΟ ΣΟΜΑΤΑ ΔΕ ΧΘΟΝ.
50 Eur. Fr. 839: τὰ δ᾿ ἀπ᾿ αἰθερίας βλαστόντα γονῆς εἰς οὐράνιον πάλιν ἦλθε πόλον. Die Idee der ‹Rückkehr› erscheint auch im Alten Testament, Qohelet 12,7 «Der Geist (*ruah*) geht zu Gott zurück» – ein Passus, der als Interpolation verdächtigt wird.
51 Diogenes von Apollonia A 19,42 Diels/Kranz = Theophr. sens. 42, vgl. B 3 Diels/Kranz.
52 Xen. Mem. 1,4,8.
53 Herakles mit *Hebe*, der personifizierten ‹Jugend›, als himmlischer Gattin LIMC s. v. Herakles nr. 3331; A. F. Laurens in C. Jourdain-Annequin, C. Bonnet, ed., Héraclès, les femmes et le féminin, Bruxelles 1996, 240.
54 Od. 11,602 f. mit Schol.
55 Paus. 3,19, 4.
56 Nilsson 1967, Taf. 10, 3.
57 Siehe Kap. IV.
58 Burkert 1963; dazu West 1971, 85–93, der insbesondere gesehen hat, daß die zitierte Passage des *Denkart* (7,2,3) ausdrücklich auf ‹die Offenbarung› verweist, d. h. auf einen verlorenen Bestandteil des *Avesta*, womit das Zeugnis vom 9. Jh. n. Chr. bis in die Epoche der Achämeniden zurückschnellt.
59 Burkert 1995; vgl. Burkert 1963, 103; 1972, 309 Anm. 57; Kap. III bei Anm. 86.
60 Ezechiel 1; West 1971, 88 f.; vgl. Kingsley 1992; Kap. III Anm. 93. Zu einer möglichen älteren Fassung der Himmels-Schichtung und Himmelfahrt, ohne Sterne, M. West, Darius Ascent to Paradise, Indo-Iranian Journal 45 (2002) 51–57.
61 Burkert 1963, 131 f.; Kap. III bei Anm. 89/90.
62 Plut. Is. 46–47, 369 D–370 C = Theopomp FGrHist 115 F 65; Bidez/Cumont 1938, II 70–79. Vgl. auch J. Hani, Plutarque en face du dualisme iranien, Revue des Études grecques 77 (1964) 489–525; U. Bianchi, Selected Essays on Gnosticism, Dualism and Mysteriosophy, Leiden 1978.
63 Hippol. Ref. 1,2,12 = Aristoxenos Fr. 13 Wehrli.
64 Damask. Princ. 125, I p. 322 Ruelle = Eudemos Fr. 150 Wehrli.
65 Met. 1091b10: οἱ μάγοι τὸ γεννῆσαν πρῶτον ἄριστον τιθέασιν.
66 Plat. Leg. 896 DE, 906 A; Plut. Procr. 1014 D; Is. 370 ED; J. Kerschensteiner, Platon und der Orient, Stuttgart 1945; vgl. auch J. Bidez, Eos ou Platon et l'orient, Bruxelles 1945; W. J. W. Koster, Le mythe de Platon, de

Zarathoustra et des Chaldéens, Leiden 1951; W. Spoerri, Encore Platon et l'orient, Revue de Philologie 31 (1957) 209–233.

67 Empedokles B 30: αὐτὰρ ἐπεὶ μέγα Νεῖκος ἐνὶμμελέεσσιν ἐθρέφθη,
ἐς τιμάς τ' ἀνόρουσε τελειομένοιο χρόνοιο,
ὅς σφιν ἀμοιβαῖος πλατέος παρελήλαται ὅρκου …

68 Xanthos FGrHist 765 F 33, vgl. Kingsley 1995, 185–191.

69 Gorgias A 3 = Empedokles A 1 § 59 = Diog. Laert. 8,59; Empedokles B 111. Vgl. Anm. 24.

70 Hdt. 3,125–137; Diels/Kranz Nr. 19.

71 Tsantsanoglou 1997; Kap. IV Anm. 28.

72 3,7: εἰσὶν ὅπωσπερ ἄνδρες ἄδικοι. Tsantsanoglou 1997, 96, denkt an ‹Sünder›, die «do not escape punishment»; doch was soll ὅπωσπερ?

73 Kol. 5,10: ἀπιστίη δὲ κἀμαθίη ταὐτόν.

74 Kol. 18[14],5: λέγοντες μὲν ὀρθῶς οὐκ εἰδότες δὲ …

75 [εὐ]χα̣ὶ καὶ θυϲ[ί]α̣ι μ[ειλ]ί̣ϲϲο̣υϲι τ̣ὰ̣[ϲ ψυχάϲ,]
ἐπ̣[ωιδὴ δ]ε̣ μάγων δύν[α]ται δαίμονεϲ ἐμ[ποδὼν
γι̣[νομένου]ϲ μεθιστάναι· δαίμονεϲ ἐμπο[δών εἰϲι
ψ[υχαῖϲ ἐχθ]ροί. τὴν θυϲ[ία]ν̣ τούτο̣υ ἕνεκε[ν] π̣[οιοῦϲ]ι̣[ν
οἱ μά̣γοι̣, ὡ̣ϲπερεὶ ποινὴ̣ν ἀποδιδόντεϲ. τοῖϲ δὲ
ἱεροῖ[ϲ] ἐπιϲπένδουϲιν ὕ[δω]ρ καὶ γάλα ἐξ ὧνπερ καὶ τὰϲ
χοὰϲ ποιοῦϲι. ἀνάριθμα̣ [κα]ὶ̣ πολυόμφαλα τὰ πόπανα
θύουϲιν, ὅτι καὶ αἱ ψυχα[ὶ ἀν]ά̣ριθμοί̣ ε̣ἰϲι. μύϲται
Εὐμενίϲι προθύουϲι κ[ατὰ τὰ] α̣ὐτὰ μ̣ά̣γοιϲ· Εὐμενίδεϲ γὰρ
ψυχαί ε̣ἰ̣ϲιν. ὧν ἕνεκ̣[εν τὸν μέλλοντ]α θεοῖϲ θύειν
ὀ̣[ρ]ν̣ί̣θ̣[ε]ιον πρότερον [c.11]. ι̣ϲ̣π̣ο̣τ̣ε̣[..]ται

76 ψυχῶν φρουροί (ἔφοροι), ψυχαὶ τιμωροί, ψυχαὶ ἀνίεροι (Tsantsanoglou 1997, 113)?

77 Über Erinys als Seele Rohde 1898, I 267–270; J. E. Harrison, Prolegomena to the Study of Greek Religion, Cambridge ³1922, 214 f.

78 Zum Pap. Gurob vgl. Kap. IV Anm. 59; 1 B 23,18 Diels/Kranz: ἔτεμον ποινάς. Tsantsanoglou 1997, 114.

79 Tsantsanoglou 1997, 113, geht den iranischen Entsprechungen nach und verweist auf die *fravashi*. – Merkwürdig ist im Orpheus-Zitat des Derveni-Textes der δαίμων κυδρός, der von Kronos auf Zeus übergeht (Kol. 8[4],5; 7; 10; 9[5],10; Kap. IV bei Anm. 92). Man könnte diesen mit dem iranischen ‹Herrscherglanz›, *xvarena*, assoziieren (dazu Wiesehöfer 1996, 167).

80 Alexander Polyhistor FGrHist 273 F 93 = Diog. Laert. 8,32 = 58 B 1a Diels/Kranz; Burkert 1972, 53: εἶναί τε πάντα τὸν ἀέρα ψυχῶν ἔμπλεων, καὶ τούτους δαίμονάς τε καὶ ἥρωας νομίζεσθαι, καὶ ὑπὸ τούτων πέμπεσθαι ἀνθρώποις τούς τε ὀνείρους καὶ τὰ σημεῖα, νόσους τε …

81 Thales A 22; 23; vgl. Heraklit A 1,7.

82 Arist. an. 404a18 = 58 B 40 Diels/Kranz; 403b20 = 67 A 28 Diels/Kranz.
83 Diogenes von Apollonia A 19,42 Diels/Kranz, vgl. Anm. 51.
84 Burkert 1968, bestätigt durch die später publizierten Fragmente.
85 Diog. Laert. 1,6: τοὺς δὲ μάγους περί τε θεραπείας θεῶν διατρίβειν καὶ θυσίας καὶ εὐχάς, ὡς αὐτοὺς μόνους ἀκουομένους. Zur Quellenfrage Wehrli zu Sotion Fr. 35/36.
86 Diog. Laert. 1,7: ἀσκεῖν τε καὶ μαντείαν ... ἀλλὰ καὶ εἰδώλων πλήρη εἶναι τὸν ἀέρα κατ᾽ ἀπόρροιαν ὑπ᾽ ἀναθυμιάσεως εἰσκρινομένων ταῖς ὄψεσι τῶν ὀξυδερκῶν.
87 Demokrit A 77 = Plut. q.conv. 735A; B 166 = Sextus Adv. Math. 9,19; Plut. Aem.Paul 1 (fehlt bei Diels/Kranz). Nach oft wiederholter antiker Behauptung war Demokrit ein Schüler der *mágoi,* Diog. Laert. 9,34; Hippol. Ref. 1,13; Plin. n.h. 24,160; Ael. v.h. 4,20; Clem. Strom. 1,69; Philostr. V.Soph. 10; ob dies ernst zu nehmen ist oder nur auf die ‹magischen› Schriften Pseudo-Demokrits (68 B 300 Diels/Kranz) verweist, ist ganz unsicher.
88 W. Burkert, Air-Imprints or Eidola. Democritus' Aetiology of Vision, Illinois Class. Studies 2 (1977) 97–109.
89 Hdt. 1,131: Διὶ μὲν ἐπὶ τὰ ὑψηλότατα τῶν ὀρέων ἀναβαίνοντες θυσίας ἔρδειν, τὸν κύκλον πάντα τοῦ οὐρανοῦ Δία καλεῦντες.
90 Diogenes von Apollonia A 8 = Philod. De pietate p. 70 Gomperz.
91 Demokrit B 30; der ursprüngliche Text ist bei Clemens Protr. 68 (in indirekter Rede): πάντα Δία μυθέεσθαι; in sekundärer Verwendung des Exzerpts durch Clemens Strom. 5,103, ist daraus πάντα Ζεὺς μυθεῖται geworden, ein Mißverständnis, unverständlich. Der Derveni-Text sichert jetzt die richtige Fassung.
92 Kol. 19[15]: ἐπεὶ ... ἓν [ἕκ]αστογ κέκ[λητ]αι ἀπὸ τοῦ ἐπικρατοῦνος Ζεὺ[ς] πάντα κατὰ τὸν αὐτὸν λόγον ἐκλήθη.

Abkürzungen

AHw	W. v. Soden, Akkadisches Handwörterbuch, Wiesbaden 1965–81
CEG	P. A. Hansen, Carmina Epigraphica Graeca I, Berlin 1983
KAI	H., Donner, W. Röllig, Kanaanäische und aramäische Inschriften I–III, Wiesbaden ²1966–69
LIMC	Lexicon Iconographicum Mythologiae Classicae, Zürich 1981–1998
OF	O. Kern, Orphicorum Fragmenta, Berlin 1922
RE	Pauly's Realencyclopädie der classischen Altertumswissenschaft, Stuttgart 1894–1980
RlAss	Reallexikon der Assyriologie, Berlin 1932 ff.
RML	W. H. Roscher, Hg., Ausführliches Lexikon der griechischen und römischen Mythologie, Leipzig 1884–1937
SEG	Supplementum Epigraphicum Graecum
SIG	Sylloge Inscriptionum Graecarum ed. W. Dittenberger, Leipzig ³1915–1924

Orientalische Quellentexte in Übersetzung

ANET = J. B. Pritchard, ed., Ancient Near Eastern Texts relating to the Old Testament, 3rd Edition with Supplement, Princeton 1969
TUAT = O. Kaiser, Hg., Texte aus der Umwelt des Alten Testaments, Gütersloh 1982–2001
Sources Orientales I: La naissance du monde, Paris 1959 /
Die Schöpfungsmythen. Mit einem Vorwort von M. Eliade, Einsiedeln 1964 (mehrfach nachgedruckt)

Mesopotamien:
J. Bottéro, S. N. Kramer, Lorsque les dieux faisaient l'homme. Mythologie Mésopotamienne, Paris 1989
S. Dalley, Myths of Mesopotamia, Oxford 1989
B. R. Foster, Before the Muses. An Anthology of Akkadian Literature, Bethesda 1993
Atrahasis: W. G. Lambert, A. R. Millard, Atra-hasis, The Babylonian story of the Flood, Oxford 1969
Bottéro/Kramer 527–564; Dalley 1–38
Gilgamesh: Das Gilgamesch-Epos übersetzt und mit Anmerkungen versehen von A. Schott, neu herausgegeben von W. v. Soden, Stuttgart 1982
ANET 72–99; Dalley 50–153
Enuma elish: A. Heidel, The Babylonian Genesis, Chicago ²1951
ANET 60–72; Bottéro/Kramer 604–653; Dalley 233–277
SAHG = A. Falkenstein, W. v. Soden, Sumerische und Akkadische Hymnen und Gebete, Zürich 1953
BWL = W. G. Lambert, Babylonian Wisdom Literature, Oxford 1960
D. D. Luckenbill, Ancient Records of Assyria and Babylonia I–II, Chicago 1926/7
M. Streck, Assurbanipal und die letzten assyrischen Könige bis zum Untergang Niniveh's I–III, Leipzig 1916

Hethitisch:
H. A. Hoffner, G. M. Beckman, Hittite Myths, Atlanta 1990

Ägyptisch:
A. Erman, Die Literatur der Ägypter, Leipzig 1923
M. Lichtheim, Ancient Egyptian Literature I–III, Berkeley 1973–1980

Denkmal memphitischer Theologie: ANET 4–6; Lichtheim I 51–57; Naissance 62–64 / Schöpfungsmythen 83–85

Israel:

E. Kautzsch, Die Heilige Schrift des Alten Testaments I/II, 4. Auflage hgg. v. A. Bertholet, Tübingen 1922/23
Genesis = Das erste Buch Mose
Judices = Das Buch der Richter

Iranisch:

Avesta. Die heiligen Bücher der Parsen, übers. v. F. Wolf, Straßburg 1910 (repr. 1960)

H. Humbach, The Gathas of Zarathushtra and the Other Old Avestan Texts I, Heidelberg 1991

A. Piras, ed., Hādōxt Nask. Il racconto Zoroastriano della sorte dell'anima, Rom 2000

G. Widengren, Iranische Geisteswelt, Baden-Baden 1961

M. Boyce, Textual Sources for the Study of Zoroastrianism, Manchester 1984

Behistun-Inschrift des Dareios:

F. H. Weissbach, Die Keilinschriften der Achämeniden, Leipzig 1911, 8–74 (drei Sprachen)

R. G. Kent, Old Persian. Grammar, Texts, Lexicon, New Haven [2]1953, 116–134 (persische Version)

D. Asheri, Erodoto, Le Storie III, Fondazione Lorenzo Valla 1990, 367–381 (italienische Übersetzung)

TUAT I 419–450 (alle Versionen in deutscher Übersetzung)

Literaturverzeichnis

E. Akurgal, The Birth of Greek Art. The Mediterranean and the Near East, London 1968
S. Aro, R. Whiting, ed., The heirs of Assyria, Helsinki 2000 (Melammu Symposia 1)
J. Assmann, Ma'at. Gerechtigkeit und Unsterblichkeit im Alten Ägypten, München 1990
J. J. Bachofen, Unsterblichkeitslehre der orphischen Theologie, Basel 1867 (Gesammelte Werke, VII, Basel 1958)
C. Baurain, Les Grecs et la Méditerranée Orientale. Des ‹siècles obscurs› à la fin de l'époque archaïque, Paris 1997
A. Bernabé, A. I. Jiménez San Cristóbal, Instruciones para el Más Allá. Las laminillas órficas de oro, Madrid 2001
M. Bernal, Black Athena. The Afroasiatic Roots of Classical Civilization I: The Fabrication of Ancient Greece, 1785–1985, New Brunswick 1987
U. Bianchi, The Greek Mysteries, Leiden 1976 (Iconography of Religions XVII 3)
S. Bickel, La cosmogonie égyptienne, Fribourg 1994
J. Bidez, Eos ou Platon et l'Orient, Bruxelles 1945
J. Bidez, F. Cumont, Les Mages Hellénisés, Paris 1938
M. Bietak, Hg., Archaische griechische Tempel und Altägypten, Wien 2001
J. Boardman, The Greeks Overseas, London 1964, [4]1999
–, Persia and the West. An Archaeological Investigation of the Genesis of Achaemenid Art, London 2000
C. Bonnet, Astarté. Dossier documentaire et perspectives historiques, Rom 1996
C. Bonnet, A. Motte, éd., Les syncrétismes religieux dans le monde méditerranéen antique, Rom 1999
C. Bonnet, V. Pirenne-Delforge, Deux déesses en interaction: Astarté et Aphrodite dans le monde égéen, in: Bonnet/Motte 1999, 249–273
Ph. Borgeaud, ed., Orphisme et Orphée, Genf 1991
A. Bottini, Archeologia della salvezza, Mailand 1992
J. N. Bremmer, Near Eastern and Native Traditions in Apollodorus' Account of the Flood, in: F. Garcia Martínez, G. Luttikhuizen, ed., Interpretations of the Flood, Leiden 1998, 39–55
–, The Rise and Fall of the Afterlife, London 2002
P. Briand, L'histoire de l'empire Perse, Paris 1996

L. Brisson, Le Corps «Dionysiaque», in: ΣΟΦΙΗΣ ΜΑΙΗΤΟΡΕΣ. Hommage à Jean Pépin, Paris 1992, 481–499 = Orphée et l'Orphisme dans l'Antiquité gréco-romaine, Aldershot 1995, nr. VII, 481–499
J. P. Brown, Israel and Hellas III, Berlin 2001
W. Burkert, ΓΟΗΣ. Zum griechischen ‹Schamanismus›. Rheinisches Museum 105 (1962) 36–55
–, Iranisches bei Anaximandros, Rheinisches Museum 106 (1963) 97–134
–, Das Proömium des Parmenides und die Katabasis des Pythagoras, Phronesis 14 (1967) 1–30
–, Orpheus und die Vorsokratiker. Bemerkungen zum Derveni-Papyrus und zur pythagoreischen Zahlenlehre, Antike und Abendland 14 (1968) 93–114
–, Lore and Science in Ancient Pythagoreanism, Cambridge, Mass. 1972
–, Le laminette auree: Da Orfeo a Lampone, in: Orfismo in Magna Grecia. Atti del XIV Convegno di Studi sulla Magna Grecia, Neapel 1975, 81–104
–, Das hunderttorige Theben und die Datierung der Ilias, Wiener Studien 89 (1976) 1–21 = Burkert 2001, 59–71
–, Griechische Religion der archaischen und klassischen Epoche, Stuttgart 1977
–, Structure and History in Greek Mythology and Ritual, Berkeley 1979
–, Apokalyptik im frühen Griechentum: Impulse und Transformationen, in: D. Hellholm, ed., Apocalypticism in the Mediterranean World and the Near East, Tübingen 1983, 235–254
–, Die orientalisierende Epoche in der griechischen Religion und Literatur, Sitzungsber. Heidelberg Philos.-hist. Klasse 1984,1
–, Der Autor von Derveni: Stesimbrotos Περὶ Τελετῶν? Zeitschrift für Papyrologie und Epigraphik 62 (1986) 1–5
–, Oriental and Greek Mythology: The Meeting of Parallels, in: J. Bremmer, ed., Interpretations of Greek Mythology, London 1987, 10–40
–, Antike Mysterien. Funktionen und Gehalt, München 1990, [3]1994 (zitiert: 1994a)
–, Homerstudien und Orient, in: Latacz 1991, 155–181 = Burkert 2001, 30–58
–, The Orientalizing Revolution. Near Eastern Influence on Greek Culture in the Early Archaic Age, Cambridge, Mass. 1992
–, Orientalische und griechische Weltmodelle von Assur bis Anaximandros, Wiener Studien 107 (1994) 179–186 (zitiert: 1994b)
–, Lydia between East and West or How to Date the Trojan War. A Study in Herodotus, in: J. B. Carter, S. P. Morris, ed., The Ages of Homer. A tribute to Emily Townsend Vermeule, Austin 1995, 139–148 = Burkert 2001, 218–232
–, Die neuen orphischen Texte: Fragmente, Varianten, ‹Sitz im Leben›, in: W. Burkert, L. Gemelli Marciano, E. Matelli, L. Orelli, ed., Fragment-

sammlungen philosophischer Texte der Antike, Göttingen 1998, 387–400 (zitiert: 1998a)
–, Kulte des Altertums. Biologische Grundlagen der Religion, München 1998 (zitiert: 1998b)
–, Kleine Schriften I. Homerica, Hg. Chr. Riedweg, Göttingen 2001
–, Kleine Schriften II. Orientalia, Hg. L. Gemelli Marciano, Göttingen 2002
The Cambridge Ancient History² vol. III 2, Cambridge 1991; III 3, 1982
G. Casadio, Osiride in Grecia e Dioniso in Egitto, in: I. Gallo, ed., Plutarco e la religione, Neapel 1996, 201–228
A. C. Cassio, ΠΙΕΝΑΙ e il modello Ionico della laminetta di Hipponion, Annali dell'Istituto Universitario Orientale di Napoli 16 (1994) 183–205
F. M. Cornford, A Ritual Basis for Hesiod's Theogony, in: The Unwritten Philosophy and Other Essays, Cambridge 1950, 95–116
E. Dettori, Testi ‹Orfici› dalla Magna Grecia al Mar Nero, Parola del Passato 51 (1996) 292–310
M. W. Dickie, The Dionysiac Mysteries in Pella, Zeitschrift für Papyrologie und Epigraphik 109 (1995) 81–86
A. Dieterich, De hymnis Orphicis, Diss. Marburg 1891
–, Nekyia, Leipzig 1893, ²1913
–, Kleine Schriften, Leipzig 1911
E. R. Dodds, The Greeks and the Irrational, Berkeley 1951
L. Dubois, Inscriptions grecques dialectales d'Olbia du Pont, Genf 1996
J. Duchesne-Guillemin, D'Anaximandre à Empédocle: Contacts gréco-iraniens, in: Atti del convegno sul tema: La Persia e il mondo greco-romano, Problemi attuali di scienza e di cultura 76, Accademia Nazionale dei Lincei 368, Rom 1966, 423–431
A. Erskim, Troy between Greece and Rome, Oxford 2001
D. Fehling, Materie und Weltbau in der Zeit der frühen Vorsokratiker. Wirklichkeit und Tradition, Innsbruck 1994
G. Foti, G. Pugliese Carratelli, Un sepolcro di Hipponion e un nuovo testo Orfico, La Parola del Passato 29 (1974) 91–126
J. Frel, Una nuova laminella ‹orfica›, Eirene 30 (1994) 183–84
E. R. Gebhard, The Archaic Temple at Isthmia: Techniques of Construction, in: Bietak 2002, 41–61 (vor 650)
M. Giangiulio, Le laminette auree nella cultura religiosa della Calabria Greca: Continutià ed innovazione, in: S. Settis, ed., Storia della Calabria Antica: Età italica e romana, Rom 1994, 11–53
O. Gigon, Das Prooemium des Diogenes Laertios, in: Horizonte der Humanitas, Festschr. W. Wili, Bern 1960, 37–64
G. Gnoli, L'évolution du dualisme iranien et le problème zurvanite, Revue de l'Histoire des Religions 201 (1984) 115–138
–, Le religioni dell'Iran antico e Zoroastro; La religione Zoroastriana, in: G. Filoramo, ed., Storia delle religioni I, Bari 1994, 455–498; 499–565

–, Zoroaster in History, New York 2000

F. Graf, Eleusis und die orphische Dichtung Athens in vorhellenistischer Zeit, Berlin 1974

–, Dionysian and Orphic Eschatology: New texts and Old Questions, in: Th. H. Carpenter, Chr. A. Faraone, ed., Masks of Dionysus, Ithaca 1993, 299–327

–, La magie dans l'antiquité gréco-romaine, Paris 1994 / Gottesnähe und Schadenzauber, München 1996

–, Hg., Ansichten griechischer Rituale, Stuttgart 1998

W. K. C. Guthrie, Orpheus and Greek Religion, London 1935, ²1952

M. G. Guzzo Amadasi, Le inscrizioni fenicie e puniche delle colonie in Occidente, Rom 1967

P. W. Haider, Griechen im Vorderen Orient und in Ägypten bis ca. 590 v. Chr., in: Ulf 1996, 59–115

–, «Das Buch vom Fayum» und seine Historisierung bei Herodot, in: P. W. Haider, R. Rollinger, Hg., Althistorische Studien im Spannungsfeld zwischen Universal- und Wissenschaftsgeschichte, Stuttgart 2001, 127–156

J. Harrison, Prolegomena to the Study of Greek Religion, Cambridge 1903, ³1922

W. Helck, Die Beziehungen Ägyptens und Vorderasiens zur Ägäis bis ins 7. Jahrhundert vor Chr., Darmstadt 1979

A. Heubeck, Mythologische Vorstellungen des Alten Orients im archaischen Griechentum, Gymnasium 62 (1955) 508–525 = Hesiod, Hg. E. Heitsch, Darmstadt 1966 (Wege der Forschung 44), 545–570

U. Hölscher, Anaximander und der Anfang der Philosophie, Hermes 81 (1953) 257–277, 385–418, erweitert in: Anfängliches Fragen (1968) 9–89

N. Holzberg, Hg., Der Äsop-Roman. Motivgeschichte und Erzählstruktur, Tübingen 1992

E. Hornung, Komposite Gottheiten in der ägyptischen Ikonographie, in: Chr. Uehlinger, Hg., Images as Media, Fribourg 2000, 1–20

A. I. Ivantchik, Les Cimmériens au Proche Orient, Fribourg 1993

R. Janko, Forgetfulness in the Golden Tablets of Memory, Classical Quarterly 34 (1984) 89–100

–, The Derveni Papyrus (Diagoras of Melos, APOPYRGIZONTES LOGOI?); A New Translation, Classical Philology 96 (2001) 1–32

L. H. Jeffery, The Local Scripts of Archaic Greece. Oxford 1961. Revised ed. by A. W. Johnston, Oxford 1990

A. de Jong, Traditions of the Magi: Zoroastrianism in Greek and Latin Literature, Leiden 1997

P. Kingsley, The Greek origin of the sixth-century dating of Zoroaster, Bulletin of the School for Oriental and African Studies 53 (1990) 245–265

–, Ezekiel by the Grand Canal: between Jewish and Babylonian Tradition, Journal of the Royal Asiatic Society III 2 (1992) 339–346

–, Meetings with Magi: Iranian Themes among the Greeks, from Xanthus of Lydia to Plato's Academy, Journal of the Royal Asiatic Society III 5 (1995) 173–209

– Ancient Philosophy, Mystery, and Magic. Empedocles and the Pythagorean Tradition, Oxford 1995

H. Klinkott, Hg., Anatolien im Lichte kultureller Wechselwirkungen. Akkulturationsphänomene in Kleinasien und seinen Nachbarregionen während des 2. und 1. Jahrtausends v. Chr., Tübingen 2001

H. Koch, Es kündet Dareios der König. Vom Leben im persischen Großreich, Mainz 1992

G. Kopcke, I. Tokumaru, Hg., Greece between East and West: 10th to 8th Centuries B. C., Mainz 1992

R. Kotansky, Incantations and Prayers for Salvation on Inscribed Greek Amulets, in C. A. Faraone, D. Obbink, Magika Hiera, New York 1991, 107–283

W. B. Kristensen, Life out of death, Louvain 1992

A. Laks, G. W. Most, ed., Studies on the Derveni Papyrus, Oxford 1997

G. B. Lanfranchi, The Ideological and Political Impact of the Neo-Assyrian Imperial Expansion on the Greek World in the 8th and 7th centuries B.C., in: Aro/Whiting 2000, 7–34

J. Latacz, Hg., Zweihundert Jahre Homer-Forschung, Stuttgart 1991 (Colloquium Rauricum 2)

A. Lemaire, Nouvelles tablettes araméennes, Genf 2001

A. M. Linforth, The Arts of Orpheus, Berkeley 1941

A. Livingstone, Mystical and Mythological Explanatory Works of Assyrian and Babylonian Scholars, Oxford 1986

G. E. R. Lloyd, Magic, Reason, and Experience, Cambridge 1979

–, On the ‹Origins› of Science, Proceedings of the British Academy 105 (2000) 1–16

Chr. Lobeck, Aglaophamus sive de theologiae mysticae Graecorum causis, Königsberg 1829

I. Malkin, ed., Ancient Perceptions of Greek Ethnicity, Washington, D.C. 2001

R. Merkelbach, Der orphische Papyrus von Derveni, Zeitschrift für Papyrologie und Epigraphik 1 (1966) 21–32

M. C. Miller, Athens and Persia in the Fifth Century B.C. A Study in Cultural Receptivity, Cambridge 1997

A. Momigliano, Alien Wisdom. The Limits of Hellenization, Cambridge 1975

S. Morenz, Die Begegnung Europas mit Ägypten, Zürich 1969

I. Morris, B. Powell, ed., A New Companion to Homer, Leiden 1997

S. Morris, Homer and the Near East, in: Morris 1997, 599–623

S. Moscati, ed., The Phoenicians, Mailand 1988

O. Murray, Early Greece, London 1980, ²1993 / Das frühe Griechenland, München 1995

E. Neu, Das hurritische Epos von der Freilassung I, Wiesbaden 1996

M. P. Nilsson, Early Orphism and kindred religious movements, Opuscula Selecta II, Lund 1952, 628–83

–, Geschichte der griechischen Religion I, München ³1967; II ²1961

H.-J. Nissen, J. Renger, Hg., Mesopotamien und seine Nachbarn. Politische und kulturelle Wechselbeziehungen im alten Vorderasien vom 4.–1. Jahrtausend, Berlin 1982

D. Obbink, A Quotation of the Derveni Papyrus in Philodemus' *On Piety*, Cronache Ercolanesi 24 (1994) 111–35

K. Oberhuber, Das Gilgamesch-Epos, Darmstadt 1977 (Wege der Forschung)

R. Osborne, Greece in the Making, 1200 – 479 B.C., London 1996

D. Papenfuß, V. M. Strocka, Hg., Gab es das griechische Wunder? Griechenland zwischen dem Ende des 6. und der Mitte des 5. Jahrhunderts v. Chr., Mainz 2001

B. Patzek, Homer und der Orient, in: U. Magen, M. Rashad, Hg., Vom Halys zum Euphrat. Thomas Beran zu Ehren, Münster 1996, 215–225

C. Penglase, Greek Myths and Mesopotamia. Parallels and Influences in the Homeric Hymns and Hesiod, London 1994

V. Pirenne-Delforge, L'Aphrodite grecque, Liège 1994

F. Prayon, W. Röllig, Hg., Akten des Kolloquiums zum Thema Der Orient und Etrurien. Zum Phänomen des ‹Orientalisierens› im westlichen Mittelmeerraum (10.–6. Jahrhundert v. Chr.), Pisa 2000

G. Pugliese Carratelli, Le lamine d'oro ‹Orfiche›, Mailand 1993

–, Le lamine d'oro orfiche. Istruzioni per il viaggio oltremondano degli iniziati greci, Mailand 2001

K. Raaflaub, Hg., Anfänge politischen Denkens in der Antike, München 1993

R. Reitzenstein, H. H. Schaeder, Studien zum antiken Synkretismus, Leipzig 1926

S. Ribichini, M. Rocchi, P. Xella, ed., La questione delle influenze vicino-orientali sulla religione greca, Rom 2001

C. Riedweg, Orfeo, in: S. Settis, ed., I Greci II 1, Turin 1996, 1251–1280

–, Initiation – Tod – Unterwelt. Beobachtungen zur Kommunikationssituation und narrativen Technik der orphisch-bakchischen Goldblättchen, in: Graf 1998, 359–398

E. Rohde, Psyche. Seelenkult und Unsterblichkeitsglaube der Griechen, Freiburg 1894, ²1898

R. Rollinger, Herodots Babylonischer Logos. Eine kritische Untersuchung der Glaubwürdigkeitsdiskussion an Hand ausgewählter Beispiele, Innsbruck 1993

–, Altorientalische Motivik in der frühgriechischen Literatur am Beispiel der homerischen Epen, in: Ulf 1996, 156–210

–, Zur Bezeichnung von ‹Griechen› in Keilschrifttexten, Revue d'Archéologie 91 (1997) 167–172

–, The Ancient Greeks and the Impact of the Ancient Near East. Textual Evidence, and Historical Perspective (ca. 750–650 B.C.), in: Whiting 2001, 233–264

R. Rollinger, M. Korenjak, Addikritushu. Ein namentlich genannter Grieche aus der Zeit Assarhaddons (680–669 v.Chr.), Altorientalische Forschungen 28 (2001) 325–337

L. Rossi, Il testamento di Posidippo e le laminette auree di Pella, Zeitschrift für Papyrologie und Epigraphik 112 (1996) 59–65

A. S. Rusajeva, Orfizm i kult Dionisa v Olvii (Orphik und Kult des Dionysos in Olbia), Vestnik drevnej istorii 143 (1978) 87–104

P. Scarpi, Le religioni dei misteri I: Eleusi, Dionisismo, Orfismo, Fondazione Laurenzo Valla 2002

K. Schefold, Götter- und Heldensagen der Griechen in der früh- und hocharchaischen Kunst, München 1993

H. S. Schibli, Pherekydes of Syros, Oxford 1990

M. Schmidt, Orfeo e Orfismo nella pittura vascolare italiota, in: Orfismo in Magna Grecia, Atti del XIV Convegno di Studi sulla Magna Grecia, Neapel 1975, 105–38

M. Schmidt, A. D. Trendall, A. Cambitoglou, Eine Gruppe apulischer Grabvasen in Basel, Mainz 1976

M. Schuol, U. Hartmann, A. Luther, Grenzüberschreitungen. Formen des Kontakts und Wege des Kulturtransfers zwischen Orient und Okzident im Altertum, Stuttgart 2001

H. Schwabl, Weltschöpfung, RE Suppl. IX (1962) 1433–1582

M. Sommer, Europas Ahnen. Ursprünge des Politischen bei den Phönikern, Darmstadt 2000

G. Steiner, Der Sukzessionsmythgos in Hesiods Theogonie und ihren orientalischen Parallelen, Diss. Hamburg 1959

G. Strasburger, Die Fahrt des Odysseus zu den Toten im Vergleich mit älteren Jenseitsfahrten, Antike und Abendland 44 (1998) 1–29

E. Strommenger, Fünf Jahrtausende Mesopotamien, München 1962

K. Tsantsanoglou, The First Columns of the Derveni Papyrus and their Religious Significance, in: Laks/Most 1997, 93–128

G. R. Tsetskhladze, Hg., Ancient Greeks West and East, Leiden 1999

Chr. Uehlinger, Qohelet im Horizont mesopotamischer, levantinischer und ägyptischer Weisheitsliteratur der persischen und hellenistischen Zeit, in: L. Schwienhorst-Schönberger, Das Buch Kohelet, Berlin 1997, 155–247

Chr. Ulf, Wege zur Genese griechischer Identität. Die Bedeutung der früharchaischen Zeit, Berlin 1996

J. G. Vinogradov, Zur sachlichen und geschichtlichen Deutung der Orphiker-Blättchen von Olbia, in: Borgeaud 1991, 77–86

P. Walcot, Hesiod and the Near East, Cardiff 1966

C. Wendel, Die griechisch-römische Buchbeschreibung verglichen mit der des Vorderen Orients, Halle 1949

M. L. West, Hesiod, Theogony. Edited with Prolegomena and Commentary, Oxford 1966

– Early Greek Philosophy and the Orient, Oxford 1971

– Zum neuen Goldblättchen aus Hipponion, Zeitschrift für Papyrologie und Epigraphik 18 (1975) 229–36

–, Hesiod, Works and Days. Edited with Prolegomena and Commentary, Oxford 1978

–, The Orphic Poems, Oxford 1983

–, The Hesiodic Catalogue of Women, Oxford 1985

–, The Rise of the Greek Epic, Journal of Hellenic Studies 108 (1988) 151–172

–, Ab Ovo. Orpheus, Sanchuniathon, and the Origins of the Ionian World Model, Classical Quarterly 44 (1994) 289–307

–, The East Face of Helicon. West Asiatic Elements in Greek Poetry and Myth, Oxford 1997

–, Fable and Disputation, in: Aro/Whiting 2000, 93–97

S. West, Prometheus Orientalized, Museum Helveticum 51 (1994) 129–149

R. Whiting, ed., Mythology and Mythologies. Methodological Approaches to Intercultural Influences, Helsinki 2001 (Melammu Symposia 2)

G. Widengren, Die Religionen Irans, Stuttgart 1965

–, Leitende Ideen und Quellen der iranischen Apokalyptik, in: D. Hellholm, ed., Apocalypticism in the Mediterranean World and the Near East, Tübingen 1983, 77–162

J. Wiesehöfer, Ancient Persia from 550 BC to 650 AD, London 1996

U. v. Wilamowitz-Moellendorff, Der Glaube der Hellenen I–II, Berlin 1931/32

C. Wilcke, Wer las und schrieb in Babylonien und Assyrien? Überlegungen zur Literalität im Alten Zweistromland, Sitzungsber. Bayer. Ak. d. Wiss. München 2000,6

G. Wirth, Hellas und Ägypten: Rezeption und Auseinandersetzung im 5. bzw. 4. Jht. v. Chr., in: M. Görg, G. Hölbl, Hg., Ägypten und der östliche Mittelmerraum im 1. Jahrtausend v. Chr., Wiesbaden 2000, 281–319

R. D. Woodard, Greek Writing from Knossos to Homer, Oxford 1997

M. R. Wright, Cosmology in Antiquity, London 1995

L. Zhmud', Orphism and graffiti from Olbia, Hermes 120 (1992) 159–168

G. Zuntz, Persephone. Three Essays on Religion and Thought in Magna Graecia, Oxford 1971

–, Die Goldlamelle von Hipponion, Wiener Studien 89 (1976) 129–51

Index